Wer die Worte »Antik« oder »Flohmarkt« in jeder Sprache und Schrift lesen kann, wer fasziniert ist vom inti-
men Einblick in das Leben von Menschen, die vielleicht
schon längst tot sind, wen die Schatzsuche umtreibt, die
Hoffnung auf den einmaligen großen Fund – der zählt
eindeutig zu den Flohmarkt-Aficionados. Binnie Kirshenbaum erzählt hinreißend von den Höhen und Tiefen
dieser Leidenschaft, die das Wort Krempel nicht kennt,
sondern in den Sachen von gestern wahre Kleinode entdeckt.

Binnie Kirshenbaum lebt in New York und liebt euro-
päische und amerikanische Flohmärkte gleichermaßen.
Auf Deutsch sind von ihr u. a. erschienen: *Ich liebe dich
nicht und andere wahre Abenteuer* (<u>dtv</u> 11888), *Kurzer
Abriss meiner Karriere als Ehebrecherin* (<u>dtv</u> 12705), *Entscheidungen in einem Fall von Liebe* (<u>dtv</u> premium
24347).

Binnie Kirshenbaum

Flohmärkte

Kleine Philosophie der Passionen

Aus dem Englischen von
Lutz-W. Wolff

Deutscher Taschenbuch Verlag

Von Binnie Kirshenbaum sind bei dtv erschienen:

Ich liebe dich nicht
und andere wahre Abenteuer (11888)
Kurzer Abriss meiner Karriere
als Ehebrecherin (12705)
Mermaid Avenue (12787)
Als hielte ich den Atem an (12979)
Keinen Penny für nichts (24128)
Entscheidungen in einem Fall von Liebe (24347)

Originalausgabe
April 2003
© Deutscher Taschenbuch Verlag GmbH & Co. KG,
München
www.dtv.de
Umschlagkonzept: Balk & Brumshagen
Umschlagbild: © Alfons Holtgreve
Gesetzt aus der Bodoni Book 12/13˙
Gesamtherstellung: Druckerei C. H. Beck, Nördlingen
Gedruckt auf säurefreiem, chlorfrei gebleichtem Papier
Printed in Germany · ISBN 3-423-20610-1

Inhalt

Früh übt sich …

Es muss passiert sein, als ich elf Jahre alt war. Einerseits stand ich noch fest in der Kindheit, bewegte mich aber doch schon stetig und unwiderruflich auf die Erwachsenenwelt zu, als meine Mutter mir sagte, dass wir zum Essen bei den Rothmans eingeladen seien.

Die Rothmans waren eine Legende in meiner Familie. Sie waren Freunde meiner Großeltern gewesen, und ich hatte viele Geschichten von ihnen gehört, sie aber nie persönlich kennen gelernt. Die Rothmans, so viel wusste ich, waren einmal sehr reich gewesen. Wirklich sehr reich. Sie hatten die Sorte Geld, die mit Hausmädchen, einem Chauffeur und einem Gärtner, einer Kunstsammlung und einem großen Landsitz einhergeht. So ein Vermögen war das einmal gewesen, aber dann hatte die Wirtschaftskrise von 1929 sie getroffen, eine schlechte Geldanlage folgte der nächsten, und lange bevor uns die besagte Essenseinladung erreichte, waren die Rothmans ganz einfach pleite. Das Personal war entlassen worden, der Bentley verkauft, die Kunstwerke versteigert, und geblieben war nur der Landsitz. Die Ländereien, die Stallungen und die kleinen Cottages für die Gäste gehörten anderen Leuten.

»Jedes Jahr«, erzählte mir meine Mutter, »kratzen sie mühsam das Geld zusammen, um die Steuern für das Haus zu bezahlen. Wozu, weiß ich auch nicht. Der Kasten ist doch viel zu groß für die zwei alten Leute, und völlig verlottert. Wozu brauchen die so ein Haus?«

Es war ein sonniger Herbsttag. Ich trug ein adrettes, marineblaues Kleid mit weißen Strumpfhosen und schwarzen Lackschuhen. Meine Mutter war wohl ähnlich gekleidet, aber ich nehme stark an, dass sie Nylons und keine weißen Strumpfhosen trug. Die Blätter an den Bäumen leuchteten orangegelb und golden, als wir in die Privatstraße einbogen, die zum Landsitz der Rothmans hinaufführte. Eine leichte Wehmut erfüllte mein Herz, nicht nur die Erinnerung an die Jahre zuvor, in denen ich im Herbst vor allem an Halloween gedacht hatte (wofür ich allmählich zu alt wurde), sondern eher eine Wehmut, die sich auf jene vergangene Epoche bezog, die lange vor meiner Geburt lag. Eine Sehnsucht nach dem Unwiederbringlichen.

Das Haus der Rothmans war ein Herrenhaus im klassizistischen Stil, und obwohl ich auf den ersten Blick sah, dass meine Mutter Recht hatte – das Haus war wirklich heruntergekommen –, erschien es mir doch als das schönste Haus, das ich jemals gesehen hatte. In meinen Augen machte der Verfall das Haus nur noch wunderbarer.

Im Inneren war das Haus genauso verfallen wie außen und dabei noch liebenswerter und schöner. Meine Mutter bedauerte die Rothmans, weil sie mit zerschlissenen Seidenkissen und abgetretenen Teppichen leben mussten, und einige Stücke ihres Royal-Albert-Geschirrs an den Rändern angeschlagen waren und unübersehbare Katschen aufwiesen. Ich dagegen beneidete sie, ich beneidete sie, weil sie in einem Haus wohnten, das ganz offensichtlich so viel erlebt und so viele Geschichten zu erzählen hatte. Alles, was die Rothmans betraf, schien

8

mir tragisch und fast unerträglich romantisch. Es war, als hielte man sich in einem Buch auf. Ich befand mich in einer Zeit und an einem Ort, die ich nicht kannte. Ich war in eine andere Welt eingetreten. Sie war in meiner Vorstellung bevölkert von Menschen, die Bälle besuchten, die Meere mit Ozeanriesen befuhren und solche Widrigkeiten und Missgeschicke erlebten, wie man sie nur aus der Literatur kennt.

Wir aßen im Speisezimmer, an einem großen Tisch, wo einstmals eleganten Herren und Damen in Abendkleidern festliche Diners serviert worden waren. Der Kronleuchter über unseren Köpfen war riesig. Wo die Kristallketten fehlten, hatten Spinnweben ihren Platz eingenommen. Eine Pfeffermühle gab es nicht, aber eine kleine silberne Schüssel mit Salz, das man sich mit einem silbernen Löffelchen auf sein Essen streuen konnte. Dieses Schüsselchen gefiel mir so gut, dass ich auf der Stelle beschloss, dass nichts anderes als so ein exquisites Näpfchen bei mir auf den Tisch kommen würde, wenn ich einmal groß war. Jedenfalls kein gewöhnlicher Salzstreuer. (Inzwischen habe ich sogar fünf solcher Schüsselchen. Das heißt, als ich das letzte Mal gezählt habe, waren es fünf. Und inzwischen weiß ich auch, dass man sie nicht Schüsselchen, sondern *salt cellars* »Salzfässchen« nennt.) Auf den gesprungenen Porzellantellern, deren Zerbrechlichkeit sie – ähnlich wie gebrochene Herzen – erst richtig schön machte, wurden mir und meiner Mutter damals *Welsh Rarebits* serviert. Das ist so eine Art Käsetoast.

Den ganzen Nachmittag hindurch juckte es mich, das Haus zu erforschen. Besonders auf den Dachboden wäre ich gern geklettert. Ich stellte mir vor, dass dort unerhörte Schätze verborgen sein müssten. Ich träumte von großen Kabinenkoffern, die mit Ballkleidern, seidenen Fächern und Federboas gefüllt waren. Ich träumte von Operngläsern aus Gold. Ich träumte von großen Fotoalben, die mir Geschichten darüber erzählten, was es bedeutete, ein flotter »Flapper« wie Joan Crawford oder eine »Femme fatale« wie Greta Garbo zu sein, im Jahre 1928 in der Ersten Klasse eines Luxusdampfers den Atlantik zu überqueren und durch Europa zu reisen. Stattdessen saß ich wie ein braves kleines Mädchen beim Essen und rührte mich nicht von der Stelle. Aber obwohl ich vom Haus der Rothmans nur das Speisezimmer zu Gesicht bekam (und später auch noch das Wohnzimmer), war dies mit Sicherheit der Beginn meiner Liebesaffäre mit Dingen von gestern.

Einige Monate waren vergangen. Es muss im nächsten Frühjahr gewesen sein, denn die Tage wurden schon wieder wärmer. Auf der Suche nach den Comics blätterte ich durch unser Lokalblatt und sah eine Anzeige für einen Flohmarkt. (Das ist inzwischen eine besondere Begabung von mir, eine Art zweites Gesicht: Das Wörtchen *Flohmarkt* entgeht mir in keiner Zeitung. Ich finde den kleinsten Hinweis darauf. Mein Blick fällt auch unweigerlich auf jedes Plakat, das eine solche Veranstaltung ankündigt – egal ob ich durch eine neue Stadt schlendere oder ob man mich im Auto mit Höchstgeschwindigkeit über Land fährt. Es springt mich geradezu an, in jeder Sprache und jeder Schrift.) *Samstag Flohmarkt* hieß es in dieser Anzeige. Selbst das buchstabengläubigste Kind wäre wohl nicht auf die Idee gekommen, dass man dort tatsächlich *Flöhe* kaufen sollte. Aber allzu buchstabengläubig war ich ja ohnehin nicht. Ich ging mit der Zeitung zu meiner Mutter und fragte: »Was ist ein Flohmarkt?«

Ein Flohmarkt, erklärte mir meine Mutter, war ein Markt, auf dem keine neuen Erzeugnisse verkauft wurden, sondern Sachen, die schon benutzt worden waren, alte Dinge, Artikel aus zweiter oder gar dritter und vierter Hand, das ganze Treibgut der materiellen Welt. »Manchmal«, sagte sie, »verkaufen die Leute wertvolle Antiquitäten und manchmal bloß Ramsch, und die meiste Zeit alles Mögliche dazwischen. Möbel gibt es da, Krimskrams. Schmuck und Juwelen. Gemälde. Geschirr und Besteck. Und alles hat schon mal jemand anderem gehört.«

»Und warum nennt man das einen Flohmarkt?«, wollte ich wissen, aber meine Mutter wusste es nicht. »So heißt das eben«, sagte sie. »Möchtest du hingehen?«

Sogar in Amerika gibt es mindestens drei verschiedene Erklärungen für den Begriff *flea market,* von denen mir zwei allerdings ziemlich fragwürdig scheinen. So heißt es, *flea* sei eine Verballhornung von *flee* (»flüchten«), weil die Gebrauchtwarenhändler Paris während der Cholera-Epidemie von 1832 verlassen mussten. Na ja. In der zweiten Geschichte wird behauptet, das Wort stamme aus dem Holländischen. *Vlie* heiße »Tal«, und weil sich der städtische Markt in New York (damals noch »Neu Amsterdam«) in einer Senke befunden habe ... Auch nicht sehr überzeugend, aber man sieht schon: Flohmärkte regen die Phantasie an. Die dritte Geschichte klingt sehr viel wahrscheinlicher. Danach stammt das Wort aus Paris, wo es mehr als einen berühmten *marché aux puces* gibt. Der französische Begriff wurde dann einfach wörtlich übersetzt. Ob sich die »Flöhe« auf die kleinen Preise oder darauf bezogen, dass Flöhe früher tatsächlich oft zwangsläufig Teil des Geschäfts waren, weil sie sich besonders in Polstermöbeln und Kleidern gern aufhielten, mag dahingestellt bleiben.

Meine Mutter kannte zwar die Etymologie nicht, aber Flohmärkte kannte sie gut. Unser Haus war mit alten amerikanischen Möbeln eingerichtet, allerdings hatten diese wertvollen Antiquitäten meine Einbildungskraft nie sehr beflügelt. Die einzige Ausnahme bildete ein großes Spinnrad, das mich zu der Überlegung veranlasste, ob ich wohl Flachs zu Gold spinnen könnte. Ansonsten waren unsere Möbel mir wohl zu vertraut, als dass sie meine Phantasie angeregt hätten. Wenn ich an staunenswerte alte Dinge dachte, wanderten meine Gedanken unweigerlich zu den Rothmans, wo es Dinge gab, die bessere Tage gesehen hatten. Dinge, die reich geschmückt, elegant und nicht bloß einfach und schlicht wie die amerikanischen Antiquitäten waren, die meine Mutter bevorzugte.

Einen Markt zu besuchen, wo ich mir lauter alte Sachen aus alter Zeit ansehen konnte, klang sehr aufregend für eine Elfjährige. So ähnlich wie eine Zeitreise. Ich konnte anfassen, was mir gefiel, alles genau untersuchen, Fragen stellen und vielleicht sogar etwas kaufen. Ja, ja, ja! Auf den Flohmarkt wollte ich unbedingt.

Das angekündigte Ereignis fand auf einem kleinen

alten Regional-Flugplatz statt, der nicht länger benutzt wurde. Meine Mutter stellte das Auto auf einer Wiese ab und dann gingen wir auf die ehemalige Rollbahn, wo ich erst einmal tief Luft holen musste, um meine Aufregung unter Kontrolle zu bringen. (Auch heute, nach all den Jahren, geht mir das noch so: Wenn ich auf einen Floh-markt komme, muss ich erst einmal schlucken, um mich zu beruhigen und die Fülle der Sinnesreize zu bewäl-tigen, die auf mich einstürmen.)

Auf dem alten Rollfeld standen lange Reihen von improvisierten, mit allem möglichen Krimskrams über-ladenen Klapptischen. Es war ein herrliches Chaos: schöne Dinge, absurde Dinge, Schrott und Schätze ne-beneinander, ohne Sinn und Verstand, wie es schien, und vor allem ohne den Trompetenschall der Werbung, die sonst mit allem einherging. Ich versuchte, einzelne Gegenstände abzugrenzen vom Chaos und mich in die-sem brodelnden Durcheinander zu konzentrieren. Aber das dauerte einige Zeit. Mein Blick musste langsamer werden, ehe ich die Edison Victrola von den Einmach-gläsern abzutrennen vermochte, und die alten Leuchter von den gestapelten Jahrgängen des *Life Magazine*.

Meine zehn Dollar fest in der Tasche umklammert, marschierte ich in der heißen Frühlingssonne an den Ständen entlang und ließ mich verzaubern: Mal stellte ich mir vor, wie es gewesen sein musste, im Jahre 1889 in einem Blockhaus in Kentucky unter einer Patchwork-Steppdecke (45 Dollar) zu schlafen, mal sah ich mich im Jahre 1933 in einer schäbigen Wohnung an der Lower East Side sitzen und von einem der grünen Glas-teller essen, die von Kennern als *Depression-Ware* bezeichnet werden. Damals, in der Wirtschaftskrise, gab es diese Teller als Zugabe, wenn man eine Kinokarte kaufte, heute werden pro Stück zehn Dollar dafür verlangt. Ich stellte mir sogar vor, auf einer Farm Butter zu machen – und meine Mutter kaufte das Butterfass dann tatsächlich, allerdings glücklicherweise nur als Pflanzenkübel für unser Haus.

Ich kaufte zwei Dinge an diesem Tag: Das eine war ein perlenbesticktes Abendtäschchen aus den zwanziger Jahren. Die Perlen waren aus Glas und sehr klein, weshalb das Täschchen wie eine Stickarbeit mit blauen und lila Blumen aussah. Gefüttert war die Tasche – eigentlich war es nur ein Beutel – mit ziemlich zerschlissener Seide, und der Verschluss war ein einfaches Zugband. Das kleine Beutelchen war so hübsch, dass ich mir ohne weiteres einzureden vermochte, es sei nicht nur so ähnlich wie eine Abendtasche von Mrs. Rothman, sondern habe ihr vor Jahrzehnten tatsächlich einmal gehört. Sieben Dollar gab ich für diesen Schatz aus, aber die Freude, die er mir schenkte, war unbezahlbar.

Meine andere Erwerbung kostete mich 25 Cents. Es war das Bild eines Mädchens in weißen Sommerkleidern, das ungefähr genauso alt wie ich gewesen sein mochte, als das Bild im Juli 1914 in einem Fotostudio gemacht wurde. Das Mädchen hieß *Doris.* Das wusste ich, weil der Name und das Datum auf der Rückseite standen.

Als ich an diesem Abend nach Hause kam, schloss ich mich in meinem Zimmer ein, legte den perlenbestickten Beutel und das Foto von Doris vor mich auf den Tisch und fing an zu träumen. Doris und der bestickte Beutel inspirierten mich zu meiner ersten Geschichte. Sie handelte von einem Mädchen, das auf den Flohmarkt geht und ein Foto von einem Mädchen namens Doris aus dem Jahre 1914 kauft. Mit ein bisschen Detektivarbeit gelang es dem Mädchen, die inzwischen über siebzigjährige Doris zu finden. Doris war eine alleinstehende alte Dame und wohnte in einer majestätischen Altbauwohnung an der Fifth Avenue in New York, die mit Schätzen aus ihrer Vergangenheit angefüllt war. Doris wurde so eine Art Ersatz-Großmutter für die Protagonistin und schenkte ihr unter anderem das Abendtäschchen, das sie bei ihrem ersten Ball dabeigehabt hatte. (Bitte haben Sie Nachsicht! Ich war schließlich erst elf.)

Ich vermute, Schriftstellerin wäre ich auch dann geworden, wenn ich damals nicht auf den Flohmarkt gegangen wäre, aber zweifellos beflügelten die vielen alten Sachen meine Phantasie so weit, dass ich etwas tun musste. Sie wurden der Katalysator für mein erstes geschriebenes Werk. Der Flohmarkt wimmelte nur so von Geschichten: In jedem Gegenstand, der dort zum Verkauf stand, war ein Geheimnis und eine Geschichte verborgen, und die wollte erzählt werden.

Soweit ich mich erinnern kann, ist *Doris* die einzige Geschichte geblieben, bei der es eine so unmittelbare Beziehung zu einem Flohmarktbesuch gab. Aber sie war nur der Anfang. Von da an war mir die Beziehung zwischen Dingen aus der Vergangenheit und ihrem Widerhall in Geschichten immer bewusst. Ich war auf den Grundstoff der Literatur gestoßen: die Zerbrechlichkeit und die Vergänglichkeit des Lebens.

Manchmal sind die in alten Dingen versteckten Geschichten ganz offensichtlich. Vor ein paar Jahren kaufte ich ein Päckchen Briefe. Was mich daran reizte, waren einerseits die Marken und Poststempel, die aus dem Zweiten Weltkrieg stammten, und andererseits die Tatsache, dass sie so adrett mit einer Schnur gebündelt waren. Ich zahlte einen Dollar dafür. Adressat war ein Infanterist namens Edward Stilton, Absenderin war seine Liebste, Marilyn Raft, zu Hause in Ohio. Am Anfang waren die Briefe ausführlich und redselig. Sie zeichneten ein gutes Bild jener Jahre, in denen die meisten jungen Männer in Übersee waren und Frauen wie Marilyns Schwester Emily in einer Munitionsfabrik arbeiteten. Aber am 2. Januar 1945 hatte Marilyn den letzten Brief geschrieben: *Lieber Edward, was ich Dir jetzt mitteilen muss, lässt sich leider nicht schonender sagen: Gestern habe ich einen anderen geheiratet.*

Wie kann man so etwas lesen, ohne dass man sich fragt: Ist sein Herz nicht in tausend Stücke zersprungen? Ist er überhaupt heimgekommen? Oder ist er wie so viele andere noch in den letzten Wochen des Krieges gefallen? Vielleicht hatte er ja einen Arm verloren oder ein Bein und kam verkrüppelt nach Hause? Sind er und Marilyn sich jeden Tag auf der Hauptstraße in ihrer kleinen Stadt in Ohio begegnet? Haben sie sich noch geliebt? Oder schwelte der Hass zwischen ihnen wie Wundbrand?

Es fällt einem schwer, einen Teddy von Steiff in die Hände zu nehmen und sich dabei nicht zu überlegen, welches Kind wohl damit gespielt hat. Stecken Sie sich

16

mal einen Ehering mit der Aufschrift »Emma und Frank 1892« an den Finger und sehen Sie, ob sich nicht sofort eine ganze Reihe von Fragen aufdrängen. Wer waren Emma und Frank? Hatten sie Kinder? Sind sie glücklich miteinander geworden? Und warum taucht dieser Ehering hundert Jahre später in einer zerrissenen Schuhschachtel voller kaputter Uhren auf einem Flohmarktstand auf?

Natürlich findet man auch in den Museen Stücke aus der Vergangenheit, aber das sind meist besondere Prunkstücke. Dinge, die den Reichen und Mächtigen, den Berühmten und manchmal auch den großen Halunken gehört haben. Natürlich ist es interessant, den goldenen Becher zu sehen, aus dem die Könige tranken, aber wo sieht man die Becher und Gläser, aus denen der Bäcker, das Zimmermädchen und der Arzt tranken? Es ist eine Freude, einen Rembrandt an einer Museumswand zu betrachten oder die Fresken von Michelangelo im Vatikan, aber es bereitet ebenso Freude, die Werke gänzlich unbekannter Künstler zu sehen, die man auf Flohmärkten antrifft. Eine Freude ganz anderer Art, das versteht sich. Sie haben vielleicht nicht in Palästen und Kathedralen gehangen, aber sie spiegeln häufig die Wünsche und Sehnsüchte einfacher Leute.

Die Bruchstücke und Bestandteile des gewöhnlichen Lebens – das ist es, was man auf Flohmärkten findet. Man erfährt von Details, die in den Geschichtsbüchern selten erwähnt werden. Man kann ganze Stapel von Büchern über das viktorianische England studiert haben, ohne je auf *Virol* gestoßen zu sein, einen »Knochenmarks-Extrakt zur Ernährung von Kindern & Kranken«, der in irdenen Töpfen verkauft wurde, von denen jetzt einer auf meinem Schreibtisch steht und meine Bleistifte, Füller und Kugelschreiber enthält.

Wir wissen, dass Queen Victoria ihr Leben lang um Prince Albert getrauert hat, aber erst, wenn man auf einem Flohmarkt all die schwarzen Jett-Perlen und Trauerbroschen sieht, all die mit den geflochtenen Haaren des geliebten Toten geschmückten Ringe, Armbänder und Uhrketten, wird einem klar, wie allgemein verbreitet die Trauerkultur damals war, was für eine Mode der Tod war. Trauern war einfach *trendy*.

Jeder weiß, dass die Leute früher ohne fließendes Wasser, WCs und Elektrizität leben mussten. Aber erst wenn man auf einem Flohmarkt auf die zahllosen Kerosinlampen, Waschschüsseln und Nachttöpfe stößt (die es wirklich in einer verblüffenden Vielfalt von Größen und Formen gegeben hat und die oft reich dekoriert waren), kann man sich wirklich vorstellen, was unsere Vorfahren durchgemacht haben.

Es ist alles da: das Nachtgeschirr, das Geschirr, das Besteck, die Nippes, die Bücher, die Spielsachen, die Kleider, die Unterkleider, die riesigen Unterhosen und die engen Korsetts, der Schmuck, die Kunst, das Kunstgewerbe, die Möbel, die Souvenirs, die Briefe, die Postkarten, die Fotos, die Lebensmittelmarken, die Orden und Abzeichen, der Schnickschnack, und all die fabelhaften Erfindungen, wie zum Beispiel der Toaster mit einem Hebel, der dazu diente, die Scheiben zu »wenden«.

Alle Dinge, die im Laufe eines Lebens angehäuft werden, finden sich irgendwann zwanglos auf einem Tisch arrangiert auf dem Flohmarkt, wo man sie ansehen und anfassen kann. Und wenn einem so ein Stück Geschichte gefällt, kann man es meist für wenig Geld auch mit nach Haus nehmen.

Ich erinnere mich, dass mir meine Großmutter mal von der Wirtschaftskrise von 1929 erzählt hat. Das Bitterste war, sagte sie, dass man sich nichts Schönes mehr kaufen konnte, jeder Luxus war streng verpönt. Manchmal war das so traurig und unerträglich für sie, dass sie zum *Five & Dime Store* ging und für einen Cent eine Garnrolle kaufte. Sie nahm sich viel Zeit für den Einkauf, stand eine halbe Stunde lang vor dem Regal, um die hübscheste Farbe zu wählen. Das smaragdgrüne oder leuchtend rosa Garn zu kaufen machte ihr Freude. Es stimmte sie fröhlich, zumindest für eine Weile.

Ich erwähne das nicht nur, weil es auf Flohmärkten viele Artikel aus diesen Jahren gibt, sondern weil Flohmärkte einem auf ganz ähnliche Weise Freude bereiten können wie meiner Großmutter die Garnrollen. Sie bieten die Möglichkeit, für ein paar Cents etwas Hübsches zu kaufen, auch wenn es ganz überflüssig ist. Nun ja, Cents sind es natürlich nicht mehr unbedingt, aber auch für einen Dollar oder weniger kriegt man an einem der Tische bestimmt ein Mitbringsel, mit dem man sich selbst oder anderen Freude bereitet. Außerdem gibt es nicht viele Einrichtungen, wo man einen ganzen Tag Spaß haben kann, ohne etwas dafür zu bezahlen (nur ganz selten wird auf Flohmärkten ein kleiner Unkostenbeitrag erhoben, der dann auch wirklich nur minimal ist), und wo man am Ende für weniger als den Preis einer Tasse Kaffee noch etwas Ungewöhnliches, Schönes oder gar Einmaliges mit nach Haus nehmen kann.

Für Eingeweihte, die sich mit den Freuden des Trödels auskennen, dürfte es keine Überraschung sein, dass die Pariser Flohmärkte an jedem beliebigen Wochenende von mehr Touristen besucht werden als der famose Eiffelturm. Es gibt Scharen von Touristen, die gar nicht übermäßig unglücklich sind, wenn die großen Sehenswürdigkeiten in Rom wieder mal wegen Restaurierungsarbeiten geschlossen sind, solange sie nur auf den berühmten *mercato delle pulci* an der Porta Portese gehen können. Der Flohmarkt auf dem Place du Jeu de Balle in Brüssel; der Sonntagmorgen-Markt am Oud Arsenaalplaats in Antwerpen; das *Zandfesten* am letzten Septemberwochenende in Brügge; *Dr Floomärt uff em Petis* in Basel; der *Bermondsay Market* am Freitag in London; der ständige Flohmarkt auf dem Waterlooplein in Amsterdam (außer sonntags); der Open-Air-Trödelmarkt in Dresden an jedem ersten Wochenende im Monat; der Trödelmarkt in Berlin-Charlottenburg an der Straße des 17. Juni (an jedem Wochenende); in München der Antikmarkt im Kunstpark Ost (jeden Freitag und Samstag), der Flohmarkt auf dem alten Flugplatz in München-Riem oder die *Auerdult*; der Grazer *Fetzenmarkt*, die Wiener Flohmärkte und Prager Antiquitätengeschäfte, alle möglichen Nachtflohmärkte, CD- und Schallplattenbörsen – das alles sind Abenteuerspielplätze für Nostalgiker und Schnäppchenjäger.

In Amerika, so berichtet die *National Flea Market Association* (ja, so etwas gibt es tatsächlich!), finden jede Woche ungefähr 5000 Flohmärkte statt, mit mehr als einer Million Verkäufern und zahllosen Käufern (also mindestens 99 999 999 – und dabei bin ich noch gar nicht mitgerechnet). Die Vielfalt des Angebots ist unbeschreiblich und unvorstellbar. Und wenn man das Gesuchte nicht findet, dann findet man bestimmt etwas anderes Schönes.

Dies über alles: Sei dir selber treu

Abgesehen von den Anregungen für die Phantasie und den unkonventionellen Geschichtslektionen gab es in meinen Teenagerjahren und auch danach noch einen weiteren Grund für meine Flohmarktbegeisterung: das pubertäre Bedürfnis, meine eigene Persönlichkeit dramatisch zur Geltung zu bringen, der Uniformität von Läden wie GAP, H&M und so weiter ein Schnippchen zu schlagen und richtig *strange* auszusehen.

Aber auch später, als ich die Schwelle zu einem etwas reiferen Geschmack überschritten hatte, wollte ich mich noch abheben. Allerdings waren meine Neigungen inzwischen gemildert, ich wollte nicht mehr schockieren, sondern gab mich damit zufrieden, hübsch auszusehen. Aber auch heute noch graust es mir bei der Vorstellung, ich könnte etwas tragen, was alle anderen auch anziehen. Wenn mir eine Verkäuferin sagt: »Dieser Pullover wird jetzt viel gekauft«, dann hat sie sich mit Sicherheit um den Umsatz gebracht. Ich finde es geradezu betrügerisch, wenn man sein inneres Wesen nicht in seiner Kleidung entsprechend umsetzt.

Der Zufall wollte es, dass meine Jugendjahre mit den Anfängen des Punk Rocks zusammenfielen. Die Ramones, die Sex Pistols, Richard Hell und die Voidoids beherrschten die Szene, und wir, meine Freundinnen und ich, stürmten eilig an die modische Front: mit blauen, rosa und grünen Haaren (meins sah aus wie ein himbeerfarbener roter Lutscher) und Klamotten, die »Rebellion!« schrien. *Trash-Can-Dressing* nannten wir unseren Stil, so als stammten unsere Kleider aus den Mülleimern anderer Leute. Aber dafür waren wir denn doch zu wohlerzogen und bürgerlich. Andererseits: Die künstlich zerschnippelten und mit Sicherheitsnadeln wieder zusammengesteckten T-Shirts, die auf dem St. Mark's Place verkauft wurden, lehnten wir ab! Die waren uns viel zu spießig. Wo also sollte man hingehen, wenn man so ein tolles, halbzerfetztes schwarzes Spitzenkleid suchte, wie sie damals *de rigeur* waren? Wo fand man zerrissene T-Shirts und Pullover mit echten Mottenlöchern? Wo gab es die schwarzen Netzstrümpfe und -handschuhe? Wo gab es die Stiefel und Schuhe mit Stiletto-Absätzen, die so unheimlich bedrohlich und sexy aussahen? Na klar! Auf dem Flohmarkt. Und genau da gingen wir hin.

Jeden Samstagmorgen trafen wir uns auf einem anderen Flohmarkt und suchten nach den Tischen, auf denen sich die Gebrauchtkleider stapelten. Die kaum getragene, fast neuwertige Designermode aus den teuren Second-Hand-Shops ließen wir auf den Kleiderständern hängen. Nein, so etwas wollten wir nicht! Wir waren scharf auf die Fetzen aus den zwanziger, dreißiger und vierziger Jahren. Auf diese Weise konnten wir sicher sein, dass unser Outfit wirklich ganz exklusiv war. Zwar konnte jeder sehen, dass wir alle herrlich altmodisches Zeug und praktisch nur schwarz trugen, aber genau diesen spezifischen Rock (Jahrgang 1955) aus schwarzer Shantung-Seide hatte garantiert niemand. Und niemand sonst trug an Stelle einer Bluse ein schwarzes Satin-Korselett aus den zwanziger Jahren dazu. Und den schwarzen Pillbox-Hut mit schwarzem Witwenschleier à la Jackie Kennedy hatte erst recht niemand sonst. Ganz zu schweigen von dem bodenlangen Abendkleid, das den ganzen Körper mit delikaten Spinnennetzen aus schwarzer Spitze bedeckte. Das alles gehörte nur mir.

Und wer, außer einem echten Flohmarkt-Fan, wusste schon, dass es im 19. Jahrhundert eine Insekten- und Reptilienmode bei Schmuck gab? Die Leute waren offenbar versessen auf Broschen, Armreifen und Ringe, die als Käfer, Libellen, Spinnen, Eidechsen, Schlangen und Salamander daher kamen. Und natürlich erwiesen sich die heißen Accessoires aus dem Jahr 1878 als wunderbare Schocker für die Punk-Prinzessinnen von 1978.

Und während wir die Tische nach irgendwelchen Fetzen durchwühlten, bei deren Anblick unseren Müttern auch wirklich schlecht werden würde, machte ich noch eine andere Entdeckung. Eine sehr wichtige Entdeckung, denn das Bedürfnis, andere Leute mit meiner Kleidung zu schockieren, war natürlich nur eine Sache von wenigen Monaten. Ich konnte ja nicht lebenslänglich wie eine Vogelscheuche oder eine Karikatur von Morticia Addams herumlaufen.

Aber das bedeutete nicht, dass ich bereit war, auf meinen eigenen Stil zu verzichten, ganz im Gegenteil. Er sollte bloß etwas glanzvoller sein. Ich wollte nicht länger das ganze Jahr Halloween spielen, sondern suchte mein wahres Ich.

Als ich sechs oder sieben Jahre alt war, hatte uns eine Cousine meiner Mutter aus Paris besucht. Und Paris, so gab man mir zu verstehen, war die glanzvollste Haupt-

24

stadt der Welt, der eleganteste Ort auf der Erde. Nach einigen Tagen New York erklärte meine Tante beim Abendessen mit der Familie naserümpfend: »Die amerikanischen Frauen haben wirklich ein großes Problem: Ständig kleiden sie sich nach der neuesten Mode, statt das anzuziehen, was ihnen steht.« Obwohl ich damals eher ein kleines amerikanisches Mädchen als eine amerikanische Frau war, fühlte ich mich sehr betroffen von diesem apodiktischen Urteil. Ich hatte das Gefühl, als Bauerntrampel und spießige Provinzlerin bezeichnet worden zu sein und war dementsprechend empört.

Andererseits habe ich den Ausspruch der strengen Dame aber auch niemals vergessen, und als ich Mitte zwanzig war, kam ich zu dem Ergebnis, dass sie vollkommen Recht hatte. Ab sofort würde ich der Mode ganz aus dem Weg gehen und nur noch tragen, was zu mir passte. Inzwischen hatte ich gemerkt, dass viele von den alten Sachen nicht nur schön, sondern auch sehr gut verarbeitet waren: oft handgenäht, mit verdeckten Verschlüssen und Knopfleisten, sorgfältig gefüttert. Und vor allem sahen sie gut aus am weiblichen Körper. Maßgeschneiderte, taillierte Jacken, weite, schwingende Kleider und bleistiftschmale Röcke waren sehr schmeichelhaft, und die herrlichen Stoffe, die wir auf dem Flohmarkt fanden (schwere Seide, üppiger Samt oder Kaschmirwolle), hätte ich mir als Studentin oder später als angehende Schriftstellerin in den einschlägigen Fachgeschäften oder Boutiquen nie leisten können. Also kaufte ich auch weiter auf Flohmärkten ein, obwohl ich mir die Haare nicht mehr lolli-rot färbte und keinen schwarzen Lippenstift und keine schwarz lackierten Fingernägel mehr trug.

Ich stellte fest, dass maßgeschneiderte Kleider aus den vierziger, fünfziger und frühen sechziger Jahren mir am besten standen. So wurde aus Rocky Horror allmählich *film noir*. Ungefähr um diese Zeit stieß meine Freundin Barbara auf eine Goldader.

Barbara ist wahrscheinlich die besessenste und energiegeladenste Person überhaupt, was das Kleiderkaufen auf Flohmärkten angeht. Sie kann den ganzen Tag lang in Kleiderhaufen herumwühlen, ohne auch nur an eine Pinkelpause zu denken. Behutsam zieht sie die ausgewählten Stücke heraus, streift sie über und wirft sie bei Nichtgefallen achtlos zurück. Sie hat sich extra einen hautengen Spandex-Catsuit gekauft, um Röcke, Blusen und sogar Hosen in der Öffentlichkeit anprobieren zu können.

Denn Flohmärkte haben nun einmal keine Kabinen für eine Anprobe, und um das Problem zu lösen, gibt es eigentlich nur drei Alternativen:

1. Man trägt einen Catsuit wie Barbara, das heißt ein hautenges Ganzkörper-Trikot wie eine Balletttänzerin, das einen einigermaßen züchtig bedeckt, aber keine Falten und Beulen macht, wo sie nicht hingehören.

2. Man kann sich (so wie ich das mache) die Kleidungsstücke »anhalten« und sehen, ob sie einerseits halbwegs lang und breit genug sind, dass man hineinpasst, andererseits aber nicht so weit, dass man darin »ersäuft«. Dabei bleibt natürlich immer ein Restrisiko, auf das man sich eben einlassen muss (angesichts der niedrigen Preise ist es aber nicht allzu hoch).

3. Wirklich mutige Mädchen (und von denen gibt es inzwischen eine ganze Menge) ziehen sich einfach

hinter dem Rücken ihrer Begleiter(in) ganz diskret aus, bis sie nur noch ihre Unterwäsche anhaben, und überprüfen die Passform der Sachen genau.

Barbara interessiert sich auf dem Flohmarkt ausschließlich für Kleider, alles andere ist ihr egal. Deshalb muss ich zu meinem Leidwesen darauf verzichten, Schmuck, Hausgeräte, Möbel und Nippes anzuschauen, wenn ich mit ihr unterwegs bin. Sie ist ständig in Sorge, sie könnte sonst womöglich ein Ballkleid mit Krinoline oder Petticoats aus den fünfziger Jahren verpassen. (Viele Flohmarkt-Aficionados haben sich in dieser Weise spezialisiert. Sie suchen überhaupt nur in einem bestimmten Bereich oder einer bestimmten Kategorie, während sich andere, so wie ich, mehr vom Gesamteindruck hinreißen lassen.)

Unser Glückslos zogen Barbara und ich auf einem Flohmarkt in einer der besseren Wohngegenden außerhalb von New York. Ich habe schon häufiger festgestellt, dass Flohmärkte in den Vororten, Kleinstädten und ländlichen Gebieten mehr zu bieten haben und billiger sind als die in den Stadtzentren. Das liegt wohl daran, dass hier die heißen Artikel, für die echte Großstadtpflanzen sich interessieren, nicht ganz so begehrt sind. Das Publikum hat einen etwas dezenteren Geschmack, kann sich für Kitsch nicht wirklich begeistern und würde bestimmt nicht in übermäßig auffallenden oder sonst wie extremen Klamotten herumlaufen wollen. Diese Sachen bleiben dementsprechend für Leute wie mich übrig.

Es war also auf einem Flohmarkt, zu dem man von Grand Central aus eine halbe Stunde mit der Eisenbahn

fahren musste, wo Barbara und ich auf einen Kleider-
ständer stießen, der eine echte Schatzkammer war. Die
dort versammelte Garderobe, so erzählte uns die Verkäuferin, hatte einer spleenigen reichen Witwe gehört.
Die alte Dame hatte offenbar eine Schwäche für Film-
stars gehabt, denn zu ihrer Hinterlassenschaft gehörten
maßgeschneiderte Kopien der Kostüme und Kleider, die
durch Filme aus den vierziger und fünfziger Jahren be-
rühmt gemacht worden waren: das rückenfreie Kleid,
das im *Verflixten Siebten Jahr* an Marilyn Monroes Beinen hochflog, Katherine Hepburns Safari-Outfit aus der
African Queen, das berühmte »kleine Schwarze«, das
Audrey Hepburn in *Frühstück bei Tiffany* anhatte, und
eine ziemlich nuttige Nummer, die ich aus *Irma la
Douce* kannte – die Kopie stand mir fast genauso gut wie
Shirley MacLaine das Original.

Wir hatten das Wahnsinnsglück, dass die liebe Ver-
storbene die gleiche Konfektionsgröße wie Barbara und
ich gehabt hatte (auch wenn jedes Stück natürlich Maß-
arbeit war). Und obendrein hatte die Verkäuferin offenbar keine Ahnung, auf was für Schätzen sie saß. Sie
konnte sich gar nicht vorstellen, dass irgendjemand
auch nur im Entferntesten daran denken könnte, so
etwas zu tragen, und so schleppten Barbara und ich für
fabelhafte fünf Dollar pro Outfit einige der schönsten
Kleider ab, die je geschneidert worden sind. Was machte es schon, dass die Gelegenheiten, bei denen man das
Kleopatra-Kostüm von Liz Taylor anziehen konnte, nicht
eben häufig sein würden? »Du kannst es immer noch
anstelle eines Bademantels verwenden«, erklärte ich
meiner Freundin.

Ein eigener Stil drückt sich aber nicht nur in unserer Kleidung, sondern auch in unserer häuslichen Umgebung aus, zumal es viele Leute ja vorziehen, ihr wahres Selbst nur zu Hause zu zeigen. Wie wir unsere Wohnung einrichten, ist deshalb ein weiterer Spiegel der Seele.

Womöglich sollte es mich beunruhigen, dass mein Appartement im Village nach Ansicht mancher Leute nicht viel anders als die Behausung einer Verrückten aussieht, aber es stört mich eigentlich nicht im Geringsten. Die Wände sind rot. Und ehe man sich darüber lustig macht, sollte man vielleicht daran denken, dass diese Farbe wenigstens nicht dauernd aufgefrischt werden muss wie Weiß oder Creme.

Aber de facto sieht man ohnehin nicht viel von den Wänden. Der größte Teil wird von hohen Bücherregalen verdeckt, die unter anderem ledergebundene Werkausgaben von Dickens, Shakespeare, Thackeray, Balzac und Thomas Mann aus dem letzten Jahrhundert enthalten. Zugegeben, Erstausgaben sind das natürlich nicht, aber dafür habe ich auf dem Flohmarkt für diese noblen Lederbände auch nicht mehr bezahlt als für ein neues Taschenbuch. Und wenn ich mich darum bemüht hätte, wäre auf dem Flohmarkt wohl auch manche Erstausgabe zu finden gewesen, denn die amerikanischen Antiquariate beschäftigen sich (im Gegensatz zu Europa) nur mit den allerteuersten Sachen. Den Thackeray hat mir der Verkäufer am Ende sogar geschenkt, weil er keine Lust mehr hatte, alle fünfzehn Bände wieder mit nach Hause zu nehmen.

Die nicht mit Bücherregalen zugestellten Wände sind von einem wilden Durcheinander von Gemälden, Lithographien und Fotos bedeckt, teils *objets d'art* und teils *objets de kitsch.* Von meiner Wohnzimmerdecke hängen drei Vogelkäfige (zwei viktorianische und ein chinesischer aus Bambus). Vögel habe ich allerdings keine, bloß die Käfige, die ich auf dem Flohmarkt gekauft habe, weil sie mir so gut gefielen. Dafür hat sich auf der Kommode eine kleine Menagerie von altem Spielzeug versammelt.

Gemessen an der Größe der Wohnung habe ich zu viele Möbel für mein Appartement, so dass jede Bewegung von einem Zimmer zum anderen eine Art Hindernislauf darstellt. Aber wer kann schon an einem alten, original amerikanischen, mit handgemalten Birnen, Blättern und Schnörkeln verzierten Emaille-Tisch für fünfzig Dollar vorbeigehen, wenn in den Antiquitätengeschäften für die billigsten Stücke dieser Art 400 Dollar verlangt werden (sofern man überhaupt welche findet)? Der Umstand, dass in meiner Küche eigentlich überhaupt kein Platz dafür war, hat mich genauso wenig zögern lassen, wie die Tatsache, dass ich im Wohnzimmer schon einen anderen großen (natürlich ebenfalls auf einem Flohmarkt erworbenen) Esstisch aus Kirschholz (mit Beinen, die in Löwenpranken auslaufen) und keinerlei Absichten habe, mich davon zu trennen.

Ich habe genügend Geschirr für 32 Personen, aber ich koche nur selten, und wenn, dann nie für mehr als vier Leute. (Schon deshalb nicht, weil an jeden der beiden Tische nur vier Leute passen. In die Verlegenheit, die beiden Tische zusammen zu stellen, möchte ich lieber gar nicht erst kommen. Obwohl, vielleicht ginge es ja?) Für Schaukelstühle habe ich übrigens auch eine

Schwäche, und die drei, die ich besitze, konnte ich unmöglich stehen lassen.

Wenn ich Gäste habe, ist die Reaktion auf mein Appartement immer sehr heftig. Sowohl in der Zustimmung, als auch in der Ablehnung. Dazwischen gibt es offenbar nichts. Die Leute sind entweder begeistert oder entsetzt bei der Vorstellung, dass jemand in einer solchen Umgebung leben und arbeiten kann. Aber das ist wohl das unvermeidliche Schicksal des Flohmarkt-Aficionados: Entweder die Leute bewundern oder sie verspotten ihn, weil er der Versuchung nicht widerstehen kann, all die herrlichen Dinge zu kaufen, die danach schreien, mit nach Hause genommen zu werden.

Selbst wenn es einem bei der Vorstellung graust, die ganze Wohnung mit solchem »Gerümpel« einzurichten (was ich durchaus verstehen kann, obwohl ich selbst meine Sachen als sehr warm und gemütlich empfinde), finde ich es doch unverzeihlich, wenn man sich stattdessen mit Wegwerfmöbeln einrichtet. Warum soll man hässliche, industriegefertigte Tische, Schränke, Regale oder Kommoden aus Plastik und Spanplatten kaufen, wenn es in jeder Stadt einen Flohmarkt gibt, wo man einen richtigen Aktenschrank aus Eichenholz oder einen eleganten Sekretär kaufen kann, der auch nicht mehr kostet? Warum soll man sich die in Massen produzierten Poster aus den Warenhäusern an die Wand hängen, wenn es auf jedem Flohmarkt viel originellere Kunstwerke gibt: Ölgemälde von weidenden Pferden, »Sonnenuntergänge in der Wüste« aus farbigen Perlen und Schnüren oder Fotos von Babys aus der Zeit vor dem Ersten Weltkrieg. Mit anderen Worten: Kaufen Sie Qualität und drücken Sie damit Ihre eigene Persönlichkeit aus.

Warum versuchen Sie's nicht mal gruselig mit wachsverkrusteten Leuchtern und schauerlichen alten Pokalen? Nicht Ihr Stil? Wie wäre es dann mit dem guten alten *Carnaby Street*- oder *Mod*-Stil mit orangefarbenen Sitzkissen, lindgrünen Teppichen und Op-Art an den Wänden? Schickes Art Deco? Oder amerikanische Shaker-Möbel, ganz minimalistisch? Es gibt für jeden etwas. Der Flohmarkt bietet Ihnen Gelegenheit, sich mit Gegenständen aus der Epoche zu umgeben, die Ihnen am besten entspricht. Jede ästhetische Richtung der letzten 200 Jahre ist auf dem Flohmarkt vertreten, zumindest eine davon sollte zu Ihnen passen. Vielleicht ist sie eine Erinnerung an Ihr letztes Leben?

Meine Wohnung ist eine Art Zeitreise von einem vorwiegend viktorianischen Wohnzimmer über ein *Art Deco* Esszimmer und einem Schlafzimmer im Stil der *Großen Depression* (damit ist nicht die Stimmung gemeint, sondern der spröde Schick der dreißiger Jahre) zu einer Küche aus den fünfziger Jahren. Mein Büro ist eine Mischung aller vier Stile. Abgesehen von Geschenken und einigen praktischen Notwendigkeiten (wie Kühlschrank, Computer, Telefon usw.) stammt jedes einzelne Möbelstück in meiner Wohnung vom Flohmarkt.

Ich gebe zu, dass es den meisten von uns Flohmarkt-Fans schwer fällt, »genug« zu sagen, oder »das reicht«. Meist können wir einfach nicht widerstehen, unserer Sammlung immer noch ein weiteres Glanzstück hinzuzufügen. Aber das muss nicht so sein. Es gibt Leute, die diszipliniert genug sind, um nicht jedes Mal, sondern nur gelegentlich etwas zu kaufen, wenn sie auf den Markt gehen. Ich bin dazu leider nicht in der Lage. Irgendeine Kleinigkeit bringe ich immer nach Hause, oft natürlich auch zum Verschenken. Die Selbstbeherrschung von Leuten, die auf dem Flohmarkt nur zwei exquisite Tischlampen kaufen und dann gar nicht weitersuchen, habe ich immer bewundert.

Aber auch diese Heroen der Selbstdisziplin werden nicht abstreiten können, dass die beiden geschmackvollen Tischlampen (oder die »geschmacklose« Hula-Tänzerin) ihnen dauerhaft Freude und Spaß machen. Man freut sich doch jeden Tag, wenn man so ein Stück ansieht, sei es nun schön, skurril, charmant oder einfach bloß komisch. Und für diesen täglichen Augenschmaus bietet der Flohmarkt reichlich Nahrung. Insbesondere natürlich, wenn man sich das Schöne, Skurrile, Charmante oder einfach bloß Komische ansieht und dabei denken kann: »Ja, so bin ich.«

Vom Kreislauf der Dinge

Für alle diejenigen unter Ihnen, die über die Verschwendung in unserer Konsumgesellschaft bestürzt sind, kommt es vielleicht überraschend, dass ich ganz Ihrer Meinung bin, auch wenn ich mehr Möbel, Kleider, Schuhe und Hüte, mehr Geschirr, Krimskrams und Schmuck habe, als ein halbes Dutzend Leute je brauchen würden. Ich bin der Ansicht, dass es genug Zeug auf der Welt gibt. Die Produktion solcher Dinge könnte jahrelang eingestellt werden, und wir brauchten keinerlei Mangel daran zu leiden. Es gibt vielleicht ein menschliches Bedürfnis zu kaufen, aber es ist vollkommen unnötig, *neue* Dinge zu kaufen oder die alten wegzuwerfen.

Einkäufe auf dem Flohmarkt sind perfektes Recycling, und deshalb sind sie auch nicht mit Schuldgefühlen belastet. Auf dem Flohmarkt einkaufen ist ein Dienst an der Gesellschaft, so »grün« wie die frischen Blätter im Frühling. Sowohl die Käufer als auch die Verkäufer sind fest überzeugt, dass nichts, aber auch gar nichts so unbrauchbar ist, dass es auf einer Müllhalde enden müsste. Alles kann wieder eingefügt werden in den Kreislauf des menschlichen Lebens, alles wiedergeboren und wieder benutzt werden.

Der Abfall des einen ist für den anderen ein Schatz. *Viel zu schade zum Wegwerfen!* das ist das Credo der Flohmarkt-Aficionados.

Meinen umweltbewussten Freunden (und davon gibt

es eine ganze Menge in Amerika und Europa) sage ich oft genug: Schämt euch, wenn ihr neue Möbel kauft und dazu beitragt, dass immer neue Bäume abgehackt werden! Man sieht doch, dass die Möbel heute längst nicht mehr dieselbe handwerkliche Qualität bei der Verarbeitung aufweisen wie früher. Nach wenigen Jahren schon sehen sie schäbig aus oder fallen gleich ganz auseinander, und dann kauft man wieder neuen Mist, um den alten Kram zu ersetzen.

Früher wurden Möbel so gearbeitet, dass sie generationenlang hielten. Und das tun sie auch wirklich. Die meisten Möbel landen ja nicht deshalb auf dem Flohmarkt, weil sie kaputt sind, sondern weil sie so stabil sind, dass sie die Person überlebt haben, die sie benutzt hat.

Antike Möbel können sehr teuer sein, aber das ist nicht die Regel, sondern die Ausnahme. Die wirklich sehr hohen Preise müssen nur für Stücke aus sehr berühmten Werkstätten bezahlt werden. Die Sachen, die man auf dem Flohmarkt findet, sind meist nicht so wertvoll, dass sie ins Museum gehören (obwohl auch das gelegentlich vorkommt). Aber sie sind einfach Qualität.

Außerdem kosten sie wie gesagt weniger als neuer Kram. Warum soll man 200 Dollar für einen wackligen Schreibtisch aus Plastik und Spanplatten ausgeben, der höchstens ein paar Jahre hält, wenn man für dasselbe Geld einen soliden Eichentisch haben kann, der schon 75 Jahre überlebt hat und noch weitere 75 Jahre lang gute Dienste tun wird? Neue Möbel verlieren – genau wie Autos – sofort einen großen Teil ihres Wertes, wenn sie den Laden verlassen. Alte Möbel dagegen behalten

ihren Wert und werden im Lauf der Zeit oft noch wertvoller. Die Kommode, die Sie auf dem Flohmarkt für
100 Dollar gekauft haben, können Sie immer wieder für
denselben Preis weiterverkaufen, vielleicht sogar noch
für etwas mehr. Sie ist gewissermaßen eine Investition.
Und sie sieht außerdem viel schöner aus als die Mehrzahl der neuen Sachen. Alte Möbel sind meist aus
Massivholz, handgearbeitet, mit wunderbaren Einlege-
arbeiten oder Schnitzereien verziert. Es gibt Stücke von
großer Schönheit darunter. Und falls Sie zu den Leuten
gehören, die nicht dasselbe in ihrem Wohnzimmer haben wollen wie Tausende anderer Leute, dann kann ich
Ihnen versichern, dass die Chancen äußerst gering sind,
dass jemand denselben Schrank wie Sie auf dem Flohmarkt erwirbt.

Wie alle alten Dinge haben auch alte Möbel eine
Geschichte, die einen Nerv trifft oder zumindest unsere
Vorstellungskraft anregt. Oder beides. Auf einem Flohmarkt in Wien bin ich einmal auf eine Couch aus den
zwanziger Jahren gestoßen, die so aussah, als ob sie
einem der berühmten Psychoanalytiker dieser Epoche
gehört haben könnte. Stellen Sie sich vor, Sie liegen zu
Hause auf so einem famosen Ding. Überlegen Sie da
nicht automatisch, wer da sonst noch drauf gelegen und
frei assoziiert haben könnte? Kommen Sie nicht auf die
Idee, was für phantastische Geständnisse die Couch
gehört haben könnte? Und was für Träume sie haben
könnten, während Sie ein Nickerchen auf dieser Couch
machen? Solchen Spaß kann man sich bei IKEA nicht
kaufen!

Leider musste ich die Couch aber trotzdem in Wien

lassen, obwohl der verlangte Preis wirklich sehr moderat war. Selbst wenn es einen Weg gegeben hätte, sie nach New York zu befördern, hätte ich beim besten Willen kein Plätzchen in meiner Wohnung dafür gefunden. Aber so schlimm war das nun auch wieder nicht. Es war schon spannend genug, dass ich sie gesehen hatte, das Vergnügen des Augenblicks bot mir Befriedigung genug. Ich hoffe, derjenige, der die Couch am Ende gekauft hat, hat eine Menge Spaß damit. (Eben ist mir eingefallen, dass man ja auch Sex darauf haben könnte – phantastische Möglichkeiten.)

Natürlich gibt es immer neue Design-Trends, aber gemessen an der Kleidermode sind Möbel geradezu zeitlos. (Man stelle sich bloß mal vor, wie schrecklich es wäre, wenn man sich in jeder Saison ein neues Bett und eine neue Kommode hinstellen müsste!) Bei Kleidern ist es dagegen ganz üblich: Was im einen Jahr »in« ist, gilt schon im nächsten Jahr als *passé*, und man glaubt, man könnte es »unmöglich« weiter anziehen. Was für eine Verschwendung damit einhergeht, liegt auf der Hand.

Doch die Mode ist nicht nur unbeständig, sondern auch zyklisch. Nehmen wir das Jahr 2001. Statt der versprochenen Odyssee im Weltraum unternahmen die Designer lieber einen Rückgriff in die jüngste Vergangenheit und zogen die relativ scheußliche Mode des Jahres 1970 wieder hervor. Sie hätten sich also für teures Geld einen Marc-Jacobs-Poncho kaufen können. Bestimmt hätten Sie ihn auch zweimal angezogen, bis er wieder aus der Mode kam oder bis Sie gemerkt hätten, dass so etwas Hässliches nun wirklich keine zweite

Chance verdient. Sie hätten aber auch auf dem Flohmarkt nach einem Original-Poncho aus den Siebzigern
suchen können. Dann hätten Sie entweder für ein paar
Dollar ein echtes Stück aufgetrieben (immer noch raus-
geschmissenes Geld, aber wenigstens nicht so viel) oder
Sie wären bei der Suche zu Verstand gekommen (schließlich dauert es eine Weile, bis man auf dem Flohmarkt
das Richtige findet) und hätten das dumme Ding nicht
mehr gewollt.

Als passionierte Tierschützerin bin ich natürlich dagegen, Pelze zu tragen. Aber ich bin pragmatisch genug,
um zu wissen, dass es Leute gibt, denen ihre materiellen
Wünsche wichtiger sind als die Leiden der Kreatur.
Wenn Sie also unbedingt einen Pelzmantel haben müssen, dann boykottieren Sie doch wenigstens die Pelzindustrie und kaufen Sie einen alten Nerz auf dem
Flohmarkt. Dabei sparen Sie nicht nur einen Haufen
Geld (Pelze erleiden genauso wie die oben erwähnten
Autos und Möbel einen schwindelerregenden Wertver-
lust, sobald man die Rechnung bezahlt hat), sondern Sie
können Ihr Gewissen auch ein bisschen erleichtern. Die
Tiere, die für Ihren Pelz sterben mussten, wären inzwischen ohnehin längst tot, und wenn alle, die Pelz tragen,
gebrauchte Stücke kaufen würden, müsste die heutige
Pelzindustrie ihr grausames Handwerk einstellen, und
den Tieren bliebe ihr Leiden erspart.

Wirkliche Antiquitäten verlieren ihren Wert nie. Aber
um überhaupt als Antiquität in Betracht zu kommen,
muss ein Gegenstand mindestens 75 bis 100 Jahre alt
sein.

Andererseits gibt es viele, viele Dinge, die noch sehr viel jünger sind und trotzdem eine große Wertsteigerung erfahren haben, weil sie Sammlerstücke geworden sind. Und bei den Dingen, die noch keine Sammlerstücke sind, brauchen Sie bloß zu warten. Je länger Sie sie behalten, desto näher kommen sie der magischen Zahl 75.

Mit der Zeit werden quasi alle Dinge zu Antiquitäten, deshalb kann man Einkäufe auf dem Flohmarkt getrost als echte Investitionen betrachten. Und wenn ich ehrlich bin, dann habe ich – bei prozentualer Betrachtung – auf dem Flohmarkt viel besser abgeschnitten als an der Börse, wo man nicht nur ständig in Firmen investiert, die schlechte Gewinne erwirtschaften, sondern oft unwissentlich auch noch Geschäftspraktiken unterstützt, die man persönlich vollkommen ablehnt.

Eine kleine Warnung muss ich an dieser Stelle aber doch aussprechen: Der Flohmarkt ist zwar ein Marktplatz der Okkasionen, wo man sehr günstig einkaufen kann (schlimmstenfalls zahlt man dasselbe wie in einem Antiquitätengeschäft), aber es gibt nun mal keine »festen Preise«, und deshalb ist es gut, wenn man Vergleiche anstellt und sich mit dem Wert der Dinge vertraut zu machen versucht.

Ich rede dabei nicht von den kleinen Dingen, dem Schnickschnack, den Albernheiten und dem billigen Kitsch. Wenn man seinen Spaß daran hat, dann ist es auch ein paar Cents wert. Was macht es schon, wenn Sie für das Plastik-Portemonnaie in Form eines Pudels einen Dollar ausgeben und dann erfahren, dass Ihre Neuerwerbung »nichts wert« ist? (Obwohl ich eigentlich gar nicht glauben kann, dass so ein lustiges Ding keinen Wert haben soll.)

Aber ehe Sie eine nennenswerte Summe ausgeben, sollten Sie sich schon schlau machen. Auf Flohmärkten findet sich *alles* – von echten Antiquitäten bis zu Sachen, die sogar ich auf den Müll werfen würde. Wenn Sie also etwas kaufen, das mehr als eine Mahlzeit in einem Restaurant kostet, sollten Sie einen Preisvergleich anstellen. Es gibt Antiquitätenführer, Nachschlagewerke und Preislisten, aber oft genug findet man auch identische oder ähnliche Gegenstände auf demselben Flohmarkt zu höchst unterschiedlichen Preisen. Auf einem Flohmarkt in Nord-Carolina bin ich mal auf nicht weniger als drei (!) verschiedene Elvis-Presley-Lampen aus Keramik gestoßen, die zwischen zwanzig und fünfzig Dollar kosten sollten. Ich habe sie allerdings alle drei nicht gekauft. Und wie gesagt: Flohmarktpreise sind keine Festpreise! Es wird erwartet, dass Sie ein bisschen feilschen, und der erste Preis, den der Händler nennt, ist selten der letzte.

Ein bisschen Sachkenntnis ist nicht nur nützlich, wenn Sie auf dem Flohmarkt einkaufen wollen, fast noch wichtiger ist sie, wenn Sie sich entschließen, selbst zu verkaufen. Vor vielen Jahren habe ich mal Modeschmuck auf dem Flohmarkt gekauft, eigentlich mehr aus Jux, einen ganzen Beutel für stolze drei Dollar. Es war scheußliches Zeug, sogar für mich viel zu schrill. Darunter war eine besonders hässliche, faustgroße Brosche, die mit falschen Steinen besetzt war: blau, rot und lila. Aber es war ein signiertes Stück: Kenneth Lane, ein bekannter Designer von Modeschmuck, von dem ich schon gehört hatte. Ich dachte mir also, dass diese Brosche ein bisschen mehr wert sein müsste als die drei Dollar, die ich für die ganze Sammlung bezahlt hatte (zu der auch eine falsche Perlenkette und ein mit buntem Glas besetztes Armband gehörten). Außerdem war sie wirklich hässlich und nahm in meinem Schmuckkasten so unverhältnismäßig viel Platz weg, dass ich sie wieder loswerden wollte. Als ich das nächste Mal zu meinem üblichen Flohmarkt an der Ecke 6th Avenue/24th Street ging, nahm ich sie also mit.

Eine Händlerin, die dort einen Stammplatz hat, verkauft ausschließlich Modeschmuck der oberen Preisklasse. Ich hatte bei ihr noch nie etwas gekauft und mich noch nicht einmal nach den Preisen erkundigt, aber jetzt nahm ich die scheußliche Brosche aus meiner Handtasche und zeigte sie ihr. Sie musterte das Stück, verzog das Gesicht und sagte: »Ich geb' Ihnen 25 Dollar dafür.« Das war mir recht. Eine 800%-ige Wertsteigerung meiner Investition, dagegen ließ sich nichts sagen. Ich steckte die 25 Dollar hochvergnügt ein und zog los, um mir etwas zu kaufen, das mir besser gefiel. (Ich fand ein kleines Portemonnaie aus Silberkettchen, für das 32 Dollar verlangt wurden und für das ich schließlich 25 Dollar bezahlte.)

Zwei Wochen später kam ich wieder bei der Modeschmuck-Spezialistin vorbei und sah die scheußliche Brosche in ihrem Glasschrank. Bescheiden und höflich und ziemlich sicher, dass sie sich nicht an mich erinnern würde, trat ich an die Vitrine und fragte nach dem Preis für die Brosche.

»Vierhundertfünfzig Dollar«, meinte die Verkäuferin hochnäsig.

»Wie bitte? Sie machen doch Witze?«, sagte ich völlig entgeistert.

»Keineswegs.« Und dann kam die ganze Kaleika: Es sei eine original Kenneth-Lane-Brosche in hervorragendem Zustand, ein ganz einmaliges Stück. In einem Antiquitätengeschäft müsste ich das Doppelte zahlen und auf einer Auktion womöglich noch mehr.

Eine Stunde später saß ich in der Bibliothek und stellte fest, dass die Frau Recht hatte. Dass ich ein bisschen betuppt worden war, hatte ausschließlich damit zu tun, dass ich mich nicht informiert hatte. Unentschuldbare Faulheit.

Nun, ich konnte mich damit trösten, dass ich oft genug günstig eingekauft hatte: Der Papierglobus, den ich auf einem ländlichen Flohmarkt außerhalb von New York für sieben Dollar gekauft hatte, sollte in einem Antiquitätengeschäft bei mir um die Ecke 375 Dollar kosten (jedenfalls stand das auf dem kleinen Schildchen daneben); die Bakelit-Handtaschen, die ich dutzendweise für ein paar Groschen gekauft hatte (auf diese herzzerreißende Geschichte komme ich gleich noch einmal zurück); das handgeschmiedete silberne Zucker- und Sahnegeschirr aus dem *Arts & Crafts Movement*, das ich für 30 Dollar gekauft hatte – wohl wissend, dass es das Zehnfache wert war.

Auch wenn ich mit der Brosche irgendwie reingelegt worden war: Ich hatte einen deutlichen Profit gemacht, die Händlerin hatte einen Profit gemacht, und inzwischen gibt es wahrscheinlich irgendwo jemanden, der einen grauenhaften Geschmack hat und sich an dem monströsen Ding freut. Es gab also mindestens drei hochzufriedene Leute, und die Umwelt war bestimmt auch glücklich. Die fette Brosche war mit Sicherheit nicht biologisch abbaubar.

Auch sozio-ökonomisch sind die Flohmärkte nützlich. Die Händler sind oft kleine Leute, die sich ein reguläres Ladengeschäft nicht leisten könnten. Allein schon die Mieten sind ja oft prohibitiv, ganz zu schweigen von den übrigen Kosten, die damit einhergehen. Ein Stand auf dem Flohmarkt kostet nicht viel, und man muss auch nicht die Miete für einen ganzen Monat bezahlen, wenn man nur an einem oder zwei Tagen etwas verkauft. Auf diese Weise können auch Leute ein bisschen Geld verdienen, die sich sonst schwer tun.

Viele von den Händlern sind Einwanderer, die sonst kaum Arbeit finden. Wenn ich auf dem Flohmarkt ein russisches Zuckerschälchen oder einen silbernen Teelöffel kaufe, von einem Händler, der kein Englisch spricht, muss ich immer an meinen Großvater väterlicherseits denken, der einen Handkarren mit Obst und Gemüse durch die Straßen der Lower East Side schob, als er nach Amerika kam. Ich kaufe also nicht nur preiswert ein, sondern kann auch noch Einwanderern bei ihren ersten Schritten in meinem Land helfen. Auch in anderen Ländern sind die Händler oft Leute, die ihre Arbeitslosenunterstützung oder ihre geringen Einkünfte als Künstler oder Studenten auf dem Flohmarkt aufzubessern versuchen. Dort einzukaufen verschafft mir ein gutes Gefühl, weil mein bescheidener Wohlstand Leuten zugute kommt, die das Geld dringender brauchen.

Waren aus zweiter Hand werden natürlich nicht nur auf dem klassischen Flohmarkt verkauft. Es gibt verschiedene Spielarten. Dazu gehören, besonders in Amerika, die *yard sales* oder *barn sales*. Heutzutage werden sie gern auch *garage sales* genannt. In den Städten, wo es keine Gärten, Scheunen oder Garagen gibt, heißen sie *sidewalk* (Bürgersteig-) oder *stoop* (Vortreppen-) *sales*. Entwickelt haben sich diese Verkaufsformen in den Zeiten, als die Leute nach Westen zogen, um Gold zu suchen oder neues Land zu besiedeln. Wer mit dem Planwagen fuhr, konnte nicht viel mitnehmen, und wenn die Transportkosten zu hoch wurden, war es praktischer, wenn man den Nachbarn die Sachen verkaufte, die man nicht mitnehmen konnte, und in Kalifornien (oder wo auch immer) von vorne anfing.

Auch heute verfahren die Leute nicht anders. Wenn sie umziehen, verkaufen sie einen Teil ihrer irdischen Güter. Allerdings nicht mehr, weil die Transportkosten zu hoch wären, sondern weil die Leute beim Umziehen merken, dass sie unendlich viel Kram angehäuft haben, den sie gar nicht mehr brauchen und der vielleicht für andere nützlicher ist als für sie selbst.

Schließlich kamen die Leute auf die Idee, dass sie ja gar nicht zu warten brauchten, bis sie tatsächlich umzogen. Wenn es Zeit für den Frühjahrsputz ist, wimmelt es deshalb an allen Ecken und Enden von Yard Sales. Was man bei diesen Gelegenheiten erwirbt, ist meistens besonders billig, denn der Verkäufer ärgert sich natürlich mächtig, wenn er seinen Kram (und darunter sind oft sehr schöne Stücke) am Abend wieder ins Haus tragen muss. In der Regel geht so ein Yard Sale nur ein oder zwei Tage, und dann möchte der Verkäufer sein Zeug los sein. Und wenn die Alternative darin besteht, die Sachen auf den Sperrmüll bringen zu müssen, sind die Preise nicht hoch.

Auf dem Flohmarkt gibt es bestimmte Warenkategorien, und ich weiß inzwischen schon ungefähr, was mich an Angeboten erwartet. Bei einem Yard Sale besteht der halbe Spaß darin, dass man keine Ahnung hat, was man vorfinden wird. Natürlich gibt es Enttäuschungen: Da folgt man den handgeschriebenen Pappschildern YARD SALE mit dem dazugehörigen Pfeil, der die Richtung anzeigt, und das Wasser läuft einem schon im Munde zusammen, wenn man sich ausmalt, was man vielleicht für Entdeckungen macht – und dann findet man bloß einen zerbrochenen Keramiktopf, einen Kuchenteller, eine Duschhaube und ein paar alte Ausgaben des *National Geographic*. Entsprechend enttäuscht folgt man dennoch der nächsten Serie von Pappschildern und findet einen Satz wunderbarer japanischer Teetassen aus der Vorkriegszeit mit zarten, handgemalten Vögeln und Zweigen vor einem azurblauen Himmel – und keine hat einen Sprung oder Kratzer.

In manchen Gemeinden wird ein bestimmter Tag für die Yard Sales festgesetzt. Da kann man dann an einem Samstag im Herbst oder Frühling von einem Haus zum anderen gehen, als spazierte man über einen richtigen Flohmarkt. In den Städten wird so etwas straßen- oder häuserblockweise organisiert: An einem bestimmten Tag darf jeder einen Tisch auf den Bürgersteig stellen. Da verwandelt sich dann eine ganze Straße in einen Flohmarkt.

Selbst wenn man partout nichts kaufen will, sind diese Yard Sales deshalb schon amüsant, weil sich dabei das Privatleben der betreffenden Familie so ungeschminkt offenbart. Der Stapel mit bekleckerten Strampelanzügen, die abgelegten Spielsachen, die Bilderbücher mit den bemalten und herausgerissenen Seiten sind ein Hinweis darauf, wie viele Kinder die Familie hat und wie alt diese sind. Der Alabaster-Esel mit dem *$-2.00*-Schild neben dem handgewebten bunten Poncho *(Nie getragen $ 5.00)* weist darauf hin, dass die Familie mal in Mexiko Urlaub gemacht hat. Die vielen *Readers Digest Condensed Books* sind fast schon ein Fenster zur Seele. Vielleicht fragt man sich, was den Hausherrn (oder einen seiner Söhne) wohl getrieben haben mag, sich eine Baseballmütze mit rosa Plastikbrüsten zu kaufen, die jetzt für 50 Cent verschleudert wird. (Auch der Blick auf potenzielle Käufer solcher Spezialitäten ist nicht uninteressant.) Bei einem Yard Sale darf man bei wildfremden Menschen herumschnüffeln, ohne sich deswegen schämen zu müssen. Ähnlich indiskret darf man sonst nur sein, wenn man eine Wohnung oder ein Haus kauft.

Im Übrigen habe ich gelegentlich auch den zerbrochenen Keramiktopf oder die verbeulte Kuchenform gekauft. Denn leider finden manche dieser Yard Sales aus bitterer Not statt. Es geht dann nicht darum, dass jemand umzieht oder Frühjahrsputz hält, sondern darum, dass Essen oder Medikamente bezahlt werden müssen. Leute, die entweder keinen Anspruch auf staatliche Fürsorge haben oder zu stolz sind, um sie zu beantragen, nutzen so einen Yard Sale, um ein bisschen dringend benötigtes Geld zu beschaffen. Wenn man in solchen Fällen die Wassergläser kauft, die früher mal Senfgläser waren, dann ist das einfach eine gute Tat, eine *mizwe*, wie man im Jiddischen sagt.

Aber was mache ich dann mit den Senf-Wassergläsern, wenn ich sie gekauft habe? Nun, ich könnte sie natürlich einfach wegwerfen, aber das geht mir gegen den Strich. Also schenke ich sie einem *Thrift Shop* oder *Thrift Store,* einer weiteren Spielart des Flohmarkts.

Der Thrift Shop ist eine karitative Einrichtung und dient einem dreifachen Zweck. Zum einen werden dort Gegenstände aus zweiter Hand verkauft, die meist von Leuten aus der Nachbarschaft gespendet worden sind. Derjenige, der seine abgelegten Kleider, Bücher, CDs, Teller, Tassen, Schüsseln, Bestecke und Möbel dort abgibt, erhält eine Spendenbescheinigung, die er beim Finanzamt vorlegen kann, weil der Thrift Shop der Wohltätigkeit dient. Das Geld, das der Laden durch seine Verkäufe einnimmt, geht an Stiftungen für Behinderte, Arme, Obdachlose oder Studieneinrichtungen. Mein Lieblings-Thrift-Store in New York heißt *Housing Works* und unterstützt die AIDS-Forschung und AIDS-Kranke. Die Preise in den Thrift Shops sind sehr niedrig, deshalb sind sie nicht nur für Schatzsucher sehr interessant, sondern vor allem auch für Leute, die wenig Geld haben – Rentner, Studenten und Sozialhilfeempfänger. Für sie ist der Thrift Shop ein Rettungsanker, wo sie einen Wintermantel oder ein Paar Schuhe finden. Das Ganze ist eine Einrichtung, von der alle Beteiligten profitieren.

Die Romantik der vergrabenen Schätze

Geben Sie es nur zu: Allein schon das Wort *vergrabener Schatz* löst ein Kribbeln bei Ihnen aus! Sie denken an Piratenbeute, eine alte Landkarte mit einem X, eine einsame Insel, Berge von Gold in einer Höhle am Meer, in einer Kiste unter der Erde oder im Wrack einer spanischen Galeone. Schon als Kind hat man davon geträumt, und viele mögen den Gedanken daran auch als Erwachsene nicht aufgeben.

Das glauben Sie nicht? Gehen Sie nur mal in ein Geschäft, wo Metalldetektoren verkauft werden, oder beobachten Sie die einsamen Strandläufer am Meer, die in den frühen Morgenstunden damit durch den Sand stapfen, in der Hoffnung wenn schon keine Schatzkiste, dann doch wenigstens etwas Kleingeld zu finden! Die Dokumentarfilme über Abenteurer und Tiefseetaucher, die nach gesunkenen Schiffen suchen, haben wir alle im Fernsehen gesehen. Die noch so vage Aussicht, tatsächlich einmal einen Schatz zu finden, wendet sich an dieselben kindlichen Instinkte, die wir beim Auspacken von Geschenken beobachten können: die Freude an der Überraschung. Was könnte das sein? Was ist in dieser Schachtel verborgen?

Ein Besuch auf dem Flohmarkt bietet uns dieses Vergnügen ununterbrochen. Die Schätze sind hier zwar nicht unter einer Kokospalme vergraben, aber sie unter einem Haufen Schrott zu entdecken, ist mindestens ebenso spannend und weniger schweißtreibend. Ein

Trip auf den Flohmarkt ist ein genauso romantisches Abenteuer wie die Fahrt zu einer Pirateninsel (aber glücklicherweise nicht ganz so gefährlich).

Jeder wahre Romantiker weiß, dass die *Möglichkeit* sich zu verlieben noch aufregender ist als das tatsächliche Verlieben. Die Ahnung, es könnte geschehen, ist ein unwiderstehlicher Reiz. Auf dem Flohmarkt besteht diese Möglichkeit überall. Auf jedem der vielen Tische kann etwas darauf warten, dass man seine Schönheit, seine Besonderheit, seine Anmut oder den Sinn für Humor erkennt, den es verkörpert – und sich verliebt. Auf jedem Tisch wartet etwas darauf, dass man es erwählt. Dass man seinen Schatz findet. Und diese Möglichkeit ist es, die das Herz pochen lässt, wenn man den Flohmarkt betritt.

In der Stadt sieht man die Tische und Sonnenschirme eines Flohmarkts schon aus der Entfernung, und wenn ich sie erblicke, setzt mein Herz einen Augenblick aus, so als hätte ich in einer Menschenmenge meinen Geliebten entdeckt. Das Adrenalin kreist in meinen Adern und ich beschleunige meine Schritte, als ob ich Angst hätte, etwas zu verpassen, wenn ich mich nicht beeile.

Das ist gar nicht so verrückt, wie es klingt. Jeder Flohmarkt-Aficionado kann Ihnen erzählen, wie schrecklich es ist, wenn man zusehen muss, wie jemand anderes sich das schöne Stück schnappt, nach dem man gerade selbst greifen wollte. Es ist nun einmal ziemlich unwahrscheinlich, dass der betreffende Verkäufer zwei gleich schöne hölzerne Kamele aus den fünfziger Jahren hat, die eine Uhr im einen und ein Barometer im anderen Höcker mit sich herumtragen.

Die großen Flohmärkte außerhalb der Städte und auf dem Land ziehen oft Tausende von Besuchern an, so dass man meist weitab auf einer Wiese parken und dann noch eine halbe Stunde lang durch den Schlamm stapfen muss, ehe man endlich die Tische erreicht. Ich hasse die endlose Kurverei auf diesen improvisierten Parkplätzen, während der Fahrer verzweifelt versucht, nicht in einer Pfütze oder im Graben zu landen. Ich fiebere den Tischen entgegen, auf denen all die herrlichen Überraschungen warten, ich zappele im Wagen herum, wie ein Kind, das dringend aufs Klo muss. Ich will endlich teilnehmen am großen Spiel. Ich will raus aus dem Auto, ich will die Erste beim X auf der Landkarte sein.

Die Chance, den bisher unentdeckten Schatz zu finden, lässt mein Herz schneller schlagen. Im Jargon der Flohmarkt-Fans spricht man dabei von einem »Fund«. Manchmal ist »der Fund« einfach etwas ganz Wunderbares, manchmal ist er auch etwas, wonach man seit zwanzig Jahren gesucht hat – die berühmte Betsy-Wetsy-Puppe, ein in den Arc de Triomphe eingelassenes Tintenfass, das Ihre Sammlung von französischen Souvenir-Tintenfässern ergänzt, oder der fehlende Teelöffel mit der Rose, der zu den fünf anderen passt.

Die großartigsten, herrlichsten Funde aber sind die Überraschungen, wenn man gar nichts Spezielles gesucht hat und plötzlich auf etwas von großem Wert und/oder besonders Seltenes stößt, das praktisch nichts kostet. Oder wenn man etwas gekauft hat, weil es einem irgendwie gefiel und billig war, und dann stellt man später fest, dass es viel, viel wertvoller ist, als man dachte.

50

Der verblüffendste »Fund«, den ich persönlich miterlebt habe, ist meiner Freundin Nancy passiert. Wir waren damals noch Studentinnen. An einem Samstagmorgen gingen wir auf den Flohmarkt, um uns ein bisschen zu amüsieren, keine von uns hatte mehr als ein paar Dollar zum Ausgeben. Nancy wühlte in einer Schuhschachtel auf einem der Tische.

Solche Schuhschachteln enthalten normalerweise kaputte Schmuckstücke, einzelne Manschettenknöpfe, versilberte Halskettchen, die sich völlig verfitzt haben, und billige Plastikfigürchen – aber man kann ja nie wissen. Manchmal findet man etwas Nettes – eine Brosche aus den fünfziger Jahren oder einen silbernen Anhänger –, und wenn man es aus der Schuhschachtel holt, kann man sicher sein, dass man nicht viel dafür bezahlt.

An diesem Tag entdeckte Nancy ein Paar Ohrringe aus Strass. Schon das war ungewöhnlich, denn normalerweise findet man in den Schuhschachteln immer nur Einzelstücke: *einen* Ohrring, *einen* Manschettenknopf usw. Aber diese speziellen Ohrringe waren mit Draht zusammengebunden, und deshalb waren noch beide da.

Die Steine waren schön groß und protzig, richtige Klunker, wie wir sie damals gern hatten. Aber sie waren auch schmutzig. Der Händler wollte einen Dollar dafür, und wie es auf dem Flohmarkt üblich ist, sagte Nancy: »75 Cent. So dreckig wie die sind, brauche ich zwei Stunden, um sie zu putzen.« Und tatsächlich brauchte sie auch nicht mehr zu bezahlen. 75 Cent, und sie konnte sie einstecken.

Als Nächstes kriegte ich mitten in der Nacht einen Anruf von Nancy. Die ersten fünf Minuten lang war sie so aufgeregt, dass sie bloß hektisch ins Telefon kreischte und lachte und ich kein Wort verstand. Schließlich hatte sie sich so weit beruhigt, dass sie mir erzählen konnte, was ihr passiert war: Sie hatte die Ohrringe geputzt, und dabei einen *Tiffany*-Stempel entdeckt. »Mit Seriennummer«, sagte sie. »Ich glaube, die Dinger sind gar kein Strass. Tiffany's verkauft keinen Strass.«

Am nächsten Tag gingen wir zu Tiffany's und sprachen mit einem Schätzer. Der prüfte die Ohrringe, verließ den Raum, und als er wieder zurückkehrte, sagte er: »Wir sind bereit, Ihnen 50 000 Dollar dafür zu geben.«

Also, ich hätte sofort das Geld genommen und eine Weltreise damit gemacht, aber Nancy sagte nein. Draußen auf der Straße erklärte sie mir, wieso. »Erstens, wenn sie auf Anhieb 50 000 Dollar anbieten, dann sind die Dinger bestimmt noch viel mehr wert. Aber ich werde sie trotzdem behalten, und zwar aus einem einzigen Grund: Ich werde mir mein Lebtag keine 50 000-Dollar-Ohrringe leisten können, aber jetzt habe ich welche.« Und so ist es: Im Gegensatz zu all meinen anderen Freundinnen hat *sie* ein Paar 50 000-Dollar-Ohrringe.

Obwohl ein Fund von dieser Größenordnung nicht alle Tage vorkommt, ist er doch kein Einzelfall. Erst kürzlich habe ich in der Zeitung über zwei ähnliche Fälle gelesen.

Das eine war ein Bericht über einen Lehrer, der einer Universitätsbibliothek eine Sammlung von Büchern vermacht hatte, die als eine der schönsten Sammlungen von seltenen und kostbaren Erstausgaben in ganz Amerika gilt. Hatte er die mit dem Gehalt eines Lehrers erworben? Wie hatte er das geschafft? Er musste wohl ein ererbtes Vermögen besitzen. Oder nicht?

In dem Interview, das er der *New York Times* gab, fand er die Vorstellung äußerst lustig, er könnte von seinen Eltern Geld geerbt haben. Er habe nie mehr als ein paar Dollar für seine Bücher gezahlt, sagte er. Sie stammten alle vom Trödel. Jahrelang hatte er seine Freizeit und seine Ferien damit verbracht, in der Gegend herumzufahren und Yard Sales und Flohmärkte abzuklappern. Mal gab er einen, mal gab er zwei oder drei Dollar aus, und manchmal bloß 25 Cent. Und am Ende hatte er eine unschätzbare Sammlung von Büchern zusammen.

Es ist auch noch gar nicht lange her, dass ein anderer großer Fund Schlagzeilen machte. Auf einem örtlichen Flohmarkt in Vermont kaufte ein Mann eine farbige Lithographie, die ihn nicht sonderlich reizte. Er kaufte das Bild bloß deshalb, weil ihm der Rahmen gefiel. Als er zu Hause war, löste er den Farbdruck heraus und entdeckte dahinter ein handgeschriebenes Dokument: eine der drei ersten Abschriften der amerikanischen Verfassung von 1787.

Eine Zeit lang waren daraufhin altertümlich gerahmte Lithographien äußerst gefragt, weil jedermann hoffte, eine verlorene Abschrift der Unabhängigkeitserklärung oder einen Entwurf zur *Gettysburg Address* zu entdecken, aber soviel ich weiß, ist zwischen alten Drucken und Passepartout seither nichts so Erstaunliches mehr entdeckt worden.

Natürlich sind solche phantastischen Funde nicht die Regel, sondern die Ausnahme. Wer würde sonst noch an der Börse spekulieren, wenn man anderswo mit einer

Investition von 75 Cent über Nacht 50 000 Dollar verdient? Ein solcher Fund ist wie ein Sechser im Lotto: die Chancen sind klein, aber irgendjemand muss ja gewinnen. Und der Betreffende könnten Sie sein.

Die Aussicht auf so einen Treffer und die Spannung verfolgen mich jede Minute, die ich mich auf dem Flohmarkt aufhalte. Mein Glückslos kann überall auf mich warten: in diesem Bündel alter Briefe, auf jenem Stapel mit Bildern oder einfach mitten auf dem Tisch, und keiner hat es gesehen.

Das Schöne an dieser Jagd nach dem Glück ist die Tatsache, dass es dabei nicht bloß ums Geld geht. Wenn das der Fall wäre, würde ich einfach einen Lottoschein ausfüllen und mir viel Zeit sparen. Das ist aber gar nicht der Punkt. Ich will keinen finanziellen Gewinn, ich will den Nervenkitzel der Jagd. Es ist mir egal, ob ich am Ende einen Topf mit Gold oder ein blau angemaltes Gips-Ei entdecke. Auf jeden Fall hatte ich Spaß bei der Jagd, bei der Suche nach Beute. Und manchmal mache ich tatsächlich eine Trouvaille.

Auch auf einer etwas bescheideneren Ebene gibt es auf dem Flohmarkt immer verborgene Schätze. Es ist, als wäre ich in einem Land unterwegs, in dem der Umtauschkurs mich sehr begünstigt. Ein Land, in dem ich ein ganzes Festmahl für denselben Preis kriege, den ich zu Hause für ein Glas Wein zahlen muss. Ich habe zwar noch nie Tiffany-Diamanten in einer Schuhschachtel gefunden, aber die sehr schönen, alten Ohrringe aus Gold, die ich neulich entdeckt habe, haben mich auch nur drei Dollar gekostet.

Mein Mann ist Briefmarkensammler, und obwohl ich

normalerweise nicht gezielt nach Briefmarken suche, weil ich zu wenig davon verstehe, kaufte ich vor zwei Jahren auf einem kleinen Flohmarkt außerhalb von München zwei kleine Päckchen mit Marken, die vielleicht achtzig Jahre alt waren. Jeweils zehn Marken wurden von einem vergilbten kleinen Papierstreifen zusammengehalten, einer Art Banderole wie bei einer Zigarre. Eigentlich habe ich sie nur gekauft, weil sie bloß eine Mark kosteten. Ich dachte, es würde meinem Mann Spaß machen, die Banderole aufzureißen und zu sehen, was die Bündel enthielten.

Wie sich dann zeigte, freute mein Mann sich tatsächlich. Aber er dachte gar nicht daran, die Bündel zu öffnen. Welche Marken die kleinen Päckchen enthielten, war gar nicht wichtig. Das Besondere war vielmehr die Art der Verpackung. Der vergilbte kleine Papierstreifen machte die Marken zu einem Schatz. Mein Mann hatte schon seit Jahren nach so etwas gesucht. In Kriegs- und Notzeiten, erklärte er mir, hatte man die gebrauchten Marken in dieser Weise gebündelt, um sie als Altpapier zu verkaufen. Dann kamen sie in die Papiermühlen, und deshalb war ein intaktes Bündel sehr selten. Ein Fund.

Einen ebenso süßen, wie schmerzlichen Fund hat meine Mutter auf einem Flohmarkt gemacht. Ihr Vater, mein Großvater, war Maler. Er gehörte zur Hudson-Valley-Schule, aber er war keiner von den berühmten, er konnte wohl kaum seinen Lebensunterhalt mit dem Malen verdienen. Die Mehrzahl seiner Arbeiten waren Porträts.

Eines Tages, als meine Mutter ein kleines Mädchen von sieben oder acht Jahren war, erhielt ihr Vater den Auftrag, drei Bilder von Tänzerinnen zu malen, im Stil von Degas. Meine Mutter hat mir oft erzählt, wie sie ihrem Vater bei der Arbeit zugeschaut hat und dass sie besonders diese Tänzerinnen geliebt hat. Sie fand sie so wunderschön. Dann kam der Tag, an dem die Bilder fertig waren und der Frau geschickt wurden, die sie bestellt hatte. Meine Mutter weinte und weinte. Mein Großvater versprach, dass er ihr auch ein Ballerinen-Bild malen würde, aber getan hat er's nicht.

Fünfundsechzig Jahre später: Meine Mutter hat Krebs. Die Prognose ist ungünstig. Eines sonnigen Sonntags fährt mein Vater sie in die Stadt, um auf den Flohmarkt mit ihr zu gehen – weder schlechtes Wetter noch eine unheilbare Krankheit können die wahren Gläubigen abhalten –, und so entdeckt sie, am Maschendrahtzaun hinter dem Stand eines Händlers, eine der drei »Ballerinen« des Vaters. Es zeigt zwei Tänzerinnen an der Stange, während eine weitere auf dem Boden sitzt und ihre Ballettschuhe schnürt.

Meine Mutter ist wenig später gestorben, aber immerhin hatte sie in ihren letzten Monaten das Bild mit den Tänzerinnen in ihrem Schlafzimmer hängen, was sie sehr glücklich gemacht hat. Man weiß wirklich nie, was einen auf dem Flohmarkt erwartet.

Weil das Prinzip der Schatzsuche mich so begeistert und die Jagd und das Erbeuten besonderer Dinge soviel wichtiger als das *Besitzen* von Wertstücken sind, gehört für mich fast alles in die »Fund«-Kategorie. Die Entdeckung einer handbemalten Obstschale für zehn Dollar auf einem Tisch, der sonst nur billige Tassen und Teller aufwies, hat mich so gefreut, dass ich die Schale für unendlich wertvoll halte, obwohl sie wahrscheinlich höchstens fünfzig Dollar wert ist. Aus der Plastiktüte mit falschen, obendrein zerrissenen Perlenketten für zwei Dollar das Stück habe ich ein exquisites Bakelit-Halsband gefischt. Ein Fund. Fünf Dollar habe ich für eine schwarze, reich mit Strass besetzte Katzenaugen-Sonnenbrille aus den fünfziger Jahren bezahlt, aber ich würde sie auch für 500 Dollar nicht hergeben wollen. In einer Schachtel mit verbeulten Soßenschüsseln und Aluminium-Untersetzern habe ich ein Paar wunderschöne alte Tortenheber aus Sterling-Silber für sieben Dollar gefunden, die nicht nur deshalb ein Fund waren, weil ich in einem Antiquitätengeschäft ein paar hundert Dollar dafür hätte hinblättern müssen, sondern weil ich sie unter all dem Gerümpel ausgraben musste.

Ja, *ausgraben!* Wie ein Archäologe. Allerdings benutzt man bei dieser Art Ausgrabungen keine Spitzhacken und Schaufeln, sondern nur Augen und Hände. Aber genau wie die Scherben oder Bronzemünzen, die der Archäologe aus der Erde ans Tageslicht holt, können auch die von Ihnen entdeckten Schätze sehr schmutzig sein.

Ich habe einmal ein kleines, rechteckiges Kästchen aus Metall gekauft, das auf einem der »Jedes-Teil-für-einen-Dollar«-Tabletts lag. Was für eine Art Metall es war, konnte ich nicht erkennen. Es war schwarz, aber kein Eisen, dafür war das Kästchen zu leicht. Ich hatte es für eine Freundin erworben, die so etwas sammelt.

Zu Hause holte ich mein Putzzeug heraus und fing an, das Kästchen erst einmal richtig sauber zu machen. Das ging in diesem Falle relativ gut aus, aber im Prinzip war es nicht sehr schlau von mir, das Kästchen zu putzen – die meisten Metallgegenstände verlieren näm- lich erheblich an Wert, wenn man die Patina ab- schrubbt. Das gilt besonders für Kupfer und Messing.

Aber dieses Kästchen war nicht aus Messing. Je wei- ter das Schwarz zurückwich, desto mehr Silber wurde erkennbar und obendrein eine köstliche Ziselierung, ein Blumenmuster von Päonien und Glockenblumen, die auf den Deckel graviert waren. Als ich die Unterseite putzte, kam nicht nur ein Stempel zum Vorschein. Nein, ich fand deren gleich drei! Solche, meist amtlichen Stempel geben nicht nur den Gehalt an Feinsilber in Tausendstel an (ein Gegenstand mit dem Stempel 800 enthält also mindestens 80% Silber und 20% Kupfer oder andere Metalle, die ihm mehr Festigkeit geben; Sterling-Silber muss 925 Promille reines Silber enthal- ten), sondern lassen auch Rückschlüsse darauf zu, wann und wo – und womöglich sogar von wem – ein Schmuck- stück oder Gebrauchsgegenstand hergestellt wurde. Ins- besondere das *von wem* kann einen Fund vom Flohmarkt zum echten Schatz machen.

Die Antiquitätenhändler haben deshalb alle kleine Broschüren und Bücher, die es ihnen erlauben, den Herstellungsort und die ungefähre Entstehungszeit von Gold- und Silberschmuck festzustellen. Aber inzwi- schen gibt es solche Listen auch im Internet, und auf diese Weise erfuhr ich, dass mein Kästchen aus Ster- ling-Silber bestand und zwischen 1830 und 1860 in

Birmingham (England) hergestellt worden war. Nicht schlecht für einen Dollar und ein bisschen Ellbogenschmalz.

Wenn Sie eine Geschichte mit einem echten verborgenen Schatz hören wollen, kann ich Ihnen noch Folgendes anbieten: Vor ungefähr zehn oder zwölf Jahren bat mich eine Freundin, die selbst keine Flohmarktbegeisterte ist und bis dahin auch noch keinen besucht hatte, mich auf meiner nächsten Expedition begleiten zu dürfen, weil sie ein altes Jackett suchte. Sportliche Herren-Sakkos aus zweiter Hand, die wir an Stelle von Jeans-Jacken trugen, waren damals gerade der letzte Schrei für modebewusste Frauen. Wir krempelten die Ärmel hoch, machten die Teile ein bisschen weiblicher, indem wir uns ein Spitzentaschentuch (natürlich vom Flohmarkt) in die Brusttasche oder eine knallige Flohmarkt-Brosche ans Revers steckten, und fertig.

Joanne machte an fünf, sechs Tischen halt und probierte ungefähr ein Dutzend Tweedsakkos an, mal Fischgrätmuster, mal Karos, bis sie schließlich eins fand, das ihr stand. Es passte so einigermaßen, das heißt so weit man das erwarten konnte von einer Jacke, die zuvor einem Mann gehört hatte und die jetzt eine Frau tragen sollte. Es waren keine Flecken darauf, und es roch auch nicht unangenehm, was ziemlich wichtig ist, wenn man Kleidungsstücke aus zweiter Hand kauft. Ich weiß nicht mehr genau, was Joanne für die Jacke bezahlt hat, aber solche Sachen kosteten nie viel mehr als fünf Dollar.

Wir verließen den Flohmarkt und suchten ein Res-

59

taurant, um gemütlich Mittagessen zu gehen. Das Wetter hatte sich plötzlich verschlechtert. Es waren Wolken aufgezogen, und es war kühl geworden, wie das im Frühjahr gelegentlich vorkommt. Joanne zog ihr neues altes Jackett an. Aber als sie den linken Ärmel hochkrempeln wollte, ließ der sich nicht umschlagen. Irgendein Klumpen im Futter verhinderte das. Sie ärgerte sich und überlegte, ob sie das Jackett nicht zurückbringen sollte.

Nun habe ich zwar noch nie gehört, dass ein Verkäufer auf dem Flohmarkt etwas umtauscht oder gar das Geld zurückgibt, das man einmal bezahlt hat, aber ich sagte, wir könnten es gerne versuchen.

Trotzdem war Joanne sehr enttäuscht. Es war ja gerade *dieses* Sakko gewesen, das ihr gefiel. Das und kein anderes. »Komm, ich versuch's noch mal«, sagte sie und versuchte, mitten auf der Straße, den Klumpen irgendwie wegzuschieben. Das gelang auch tatsächlich: Er bewegte sich, glitt den ganzen Ärmel hinauf und rutschte schließlich in das Rückenfutter der Jacke. Joanne riss den unteren Saum ein Stückchen weit auf, nur ein paar Zentimeter, aber die genügten vollkommen, um drei Finger hineinzuschieben und das Bündel Geldscheine ans Tageslicht zu befördern, das in der Jacke versteckt war.

Vor Jahren, als die Banken noch nicht so vertrauenswürdig waren wie heute, gab es eine Menge Leute, die ihr Geld in ihre Matratzen einnähten. Und wenn Leute auf Reisen gingen, versuchten sie sich dadurch vor Dieben und Räubern zu schützen, dass sie Bargeld in ihren Kleidern versteckten. Aber wenn jemand gestorben ist, denken die Hinterbliebenen natürlich nicht immer daran, jedes Kleidungsstück genau zu durchsuchen, ehe sie es dem Trödler verkaufen. Was immer der Vorbesitzer der Jacke für einen speziellen Grund gehabt haben mochte, das Geld zu verstecken, Joanne hatte jetzt hübsche 400 Dollar mehr und lud mich zu einem sehr opulenten Mahl ein.

Ich kann Ihnen natürlich nicht versprechen, dass jeder in einem alten Sakko ein Bündel Geldscheine findet. Vielleicht passiert so etwas nie wieder. Aber damals ist es passiert, und irgendwo anders als auf einem Flohmarkt wäre es wahrscheinlich nicht vorgekommen.

Sammelwut

Ich bin weniger eine Sammlerin als eine Ansammlerin. Das heißt, ich habe mich nicht auf eine besondere Epoche oder ein bestimmtes Gebiet wie elektrische Eisenbahnen, Puppen in Landestracht, Briefmarken, Aschenbecher, Pillendöschen oder andere der unglaublich vielen Kategorien von Absonderlichkeiten spezialisiert, die ein Flohmarkt so anbietet, sondern ich versammle die verschiedensten Dinge bei mir, die abgesehen von der Tatsache, dass sie mir gefallen, nichts miteinander zu tun haben. Im Gegensatz zu vielen anderen, glücklichen Menschen, die auf den Flohmarkt gehen, um ihrer Sammlung von Parfümfläschchen, Taschenuhren, Orden und Medaillen, Radios, Kameras, Meißener Suppenterrinen, Baseballschlägern, Nummernschildern aus aller Welt, Kuchentellern, Porzellanhündchen, Plastikschweinen oder hölzernen Stinktieren ein weiteres seltenes Stück hinzuzufügen, gehe ich ohne spezielle Absichten auf den Flohmarkt. Ich suche nichts Bestimmtes, sondern lasse mich überraschen.

Dieses Element des Man-weiß-ja-nie-was-man-findet ist für mich das größte Abenteuer des Flohmarkts. Nehmen Sie meine jüngste Errungenschaft: ein lebensgroßer hölzerner Frauenkopf, in dessen Innerem sich ein Zigarettenbehälter befindet. Wenn man auf einen kleinen Hebel drückt, fliegt die Zigarette ihr aus dem Mund. Nicht in meinen wildesten Träumen hätte ich mir vorstellen können, dass es so etwas gibt, und jetzt besitze ich es.

Ob solches Abenteurertum oder gezieltes Sammeln das größere Glück ist, vermag ich nicht zu sagen. Es liegt einfach mehr in meiner Natur, meinen Launen zu folgen, bei meinen Einkäufen das Zufallsprinzip walten zu lassen und Vielfalt mehr zu schätzen als Spezialisierung. Spannend ist es allemal auf dem Flohmarkt, ob man sich nun überraschen lässt oder ob man darauf wartet, eine Lücke in seiner Sammlung endlich schließen zu können. Und am Ende ist die Wohnung ohnehin bis unter die Decke gefüllt, wenn man ein richtiger Flohmarkt-Fan ist. Da spielt es dann keine Rolle, ob man systematisch Spieldosen, gläserne Einhörner und alte Fotoapparate gesammelt oder ob man einfach aufs Geratewohl zugegriffen und eine wilde Mischung von Kuriositäten zusammengekauft hat.

Ich gehe gern ganz unvoreingenommen zum Flohmarkt. Welche Überraschung wird heute mein Herz höher schlagen lassen? Ich liebe es, meine Blicke schweifen zu lassen und mich spontan zu verlieben. Die Beschränkungen, die einem das Sammeln auferlegt, passen nicht zu meinem Stil. Ich kaufe lieber einfach, was mir gefällt.

Der Sammler nimmt einen Flohmarkt ganz anders wahr als jemand wie ich. Während ich alles gleichzeitig aufzunehmen versuche und mich erst auf den zweiten Blick konzentriere, blendet der Sammler von vornherein alles aus, was nicht zur Kategorie dessen gehört, was er sammelt. Ich glaube, diese zwei Sichtweisen sind so ähnlich wie eine optische Täuschung: Manche von uns sehen das »Weinglas« und andere die »zwei Profile«.

Trotzdem gibt es auch bei mir kleine Sammlungen, zu denen ich das eine oder andere Stück hinzugefügt habe, wenn mir etwas besonders gefiel. Für konsequentes Sammeln bin ich aber viel zu sprunghaft. Wenn irgendetwas anderes meine Aufmerksamkeit erregt, lasse ich mich gerne ablenken. Vor allem natürlich, wenn die Gegenstände meiner Sammelleidenschaft plötzlich so teuer werden, dass ich sie mir nicht mehr leisten kann. So ist es mir mit dem alten Spielzeug ergangen.

Nicht, dass ich jedes x-beliebige Spielzeug gewollt hätte. Ich war *sehr* wählerisch. Aber ich war keiner von diesen Puristen, die ausschließlich Steiff-Tiere, Madame-Alexander-Puppen oder englisches Aufziehspielzeug aus Blech sammeln. Der Stammbaum meiner Fundstücke war mir völlig egal (was mich schon mal grundsätzlich von allen ernsthaften Sammlern unterscheidet, die sich gerade für die Herkunft der Dinge *sehr* interessieren). Ich suchte Spielzeug mit einer besonderen Aura. Ich wollte eine traurige Puppe, einen abgeschabten Teddy oder einen längst nicht mehr flauschigen Hasen mit Schlappohren. Ich wollte in ihrem Gesichtsausdruck die Seele des Kindes spüren, das mit ihnen gespielt hatte. Ich suchte Spielzeug, dem man die Heimsuchung anmerkte. Ich suchte Puppen und Kätzchen, die aussahen, als hätten ihre kleinen Besitzer ein schlimmes Ende gefunden. Ein schlimmes Ende, das hieß für mich: Waisenhaus, Irrenanstalt oder gewaltsamer Tod. Ich suchte nach Spielzeug, das mich schaudern ließ und mir Angst machte. Ich suchte nach Spielzeug, das mich an die unheimlichen Geräusche in der Nacht denken ließ und meine Phantasie anregte.

Unglücklicherweise fiel meine Entdeckung, dass es solche unheimlichen Spielsachen gab und dass sie mich magisch anzogen, in dieselbe Zeit, in der altes Spielzeug zum Gegenstand allgemeiner Sammelwut wurde. Innerhalb eines Jahres schossen die Preise enorm in die Höhe und waren bald außerhalb meiner Reichweite. Trotzdem halte ich immer noch Ausschau danach, und manchmal habe ich Glück. Erst vor kurzem habe ich auf einem Flohmarkt in der Nähe von München ein meiner Schätzung nach fast hundertjähriges, kaum handtellergroßes Samtkätzchen aus der Zeit vor dem Ersten Weltkrieg gefunden, das so unheimlich wie Schloss Elsinore war, und es hat mich bloß ein paar Dollar, ich meine Euro, gekostet.

Manchmal plant man gar nicht, eine Sammlung anzulegen, sondern stellt erst nachträglich fest, dass es einen immer wieder zu denselben Dingen hinzieht. So bin ich zum Beispiel zu meiner Sammlung von Eidechsenbroschen gekommen: Jedes Mal, wenn ich eine Brosche fand, die wie eine Eidechse geformt war, habe ich sie gekauft. Irgendwann habe ich sie dann gezählt und zu meiner Überraschung festgestellt, dass ich mehr als ein Dutzend in meiner Schmucktasche hatte: silberne, goldene und Emaille-Eidechsenbroschen. Eine hatte sogar echte Smaragde als Augen. Der Anblick ernüchterte mich. Ich beschloss, dass ich mehr Eidechsenbroschen hatte, als ich je brauchen würde. Schließlich trug ich ja nie mehr als vier gleichzeitig.

Ich habe auch eine Schwäche für alte Handtaschen (vielleicht eine Nachwirkung meines allerersten Besuchs auf einem Flohmarkt), aber obwohl ich mehr davon habe, als ich in sechs Leben brauchen würde, halte ich mich nicht für eine Handtaschen-Sammlerin. Sammler konzentrieren sich schließlich meist auf eine bestimmte Epoche, einen bestimmten Designer oder bestimmte Materialien (ich habe bei anderen Leuten Sammlungen von Hermes-Taschen, perlenbestickten Taschen aus den zwanziger Jahren und sogar von diesen scheußlichen Alligator-Taschen gesehen, bei denen der Kopf des armen Tiers den Verschluss bildet), während ich, wie gesagt, lieber nach Lust und Laune einkaufe.

Meine Freude an Handtaschen hat also dazu geführt, dass ich eine erhebliche Anzahl davon besitze (ich habe nie gewagt, sie zu zählen). Aber es ist eine eklektische Anhäufung verschiedenster Stücke: einige perlenbesetzte, ein paar aus Silbergeflecht, ein paar Stofftaschen aus den vierziger und fünfziger Jahren, eine Gucci aus den Sechzigern und ein halbwegs unversehrtes Exemplar des ersten Modells, das Coach jemals produziert hat. Ich rationalisiere das alles, so gut ich kann. »Ich benutze sie doch!«, sage ich. »Sie sind praktisch!« Und letzte Woche habe ich mir sogar einreden können, die Anschaffung einer Strohtasche mit aufgenähten Bastfrüchten sei absolut unumgänglich.

Eine der merkwürdigsten Sammlungen, die ich kenne, fing mit einer Erwerbung an, die ich gar nicht selbst getätigt habe. Dabei ging es um ein hölzernes Bein, das an einem der Verkaufstische lehnte. »Kauf das!«, sagte ich zu meinem Freund. (Ich habe einen schlechten Einfluss auf meine Freunde, ich sag immer »Kauf das!« zu ihnen.) Es war ein komplettes Holzbein, mit einem Scharnier am Knie und innen hohl. »Du musst das unbedingt kaufen«, sagte ich zu Ross, denn ich wusste, das Holzbein entsprach seinem etwas makabren Sinn für Humor. Außerdem hat er ein geräumiges altes Bauernhaus in den Catskills.

»Ich weiß«, sagte er. »Es ist wundervoll. Aber was soll ich damit anfangen?«

»Du kannst eine Zierpflanze reinstellen.« Das hatte ich von meiner Mutter. Alles, was sie auf dem Flohmarkt kaufte, musste am Ende als Blumentopf herhalten: Marmeladengläser, Butterfässer, ein Nachttopf, ein Vogelkäfig aus Bambus, ja, sogar ein alter Nähmaschinentisch waren überwuchert mit Grünzeug. Um nicht allzu sehr wie meine Mutter zu klingen, fügte ich hastig noch eine Alternative hinzu: »Du könntest ja auch eine Sammlung anfangen«, sagte ich. »Sammle doch einfach Prothesen: Holzbeine, Glasaugen, hölzerne Unterarme mit Haken anstelle der Hände. Das wär' doch wirklich mal was Originelles.«

Das genügte. Ross kaufte das Holzbein.

Unter meinen Freunden und Freundinnen gibt es etliche höchst begierige Sammler. An jedem Wochenende (auch im Winter) springen sie in aller Herrgottsfrühe heldenhaft aus dem Bett, bewaffnen sich notfalls mit Taschenlampen und fahren zum Flohmarkt. Auf der Suche nach ganz speziellen Stücken müssen sie unbedingt *vor allen anderen* da sein, vor allem natürlich vor denen, die womöglich dasselbe sammeln wie sie. Nichts ist bitterer für sie, als wenn ein anderer die begehrte

67

Beute davonträgt: den Aschenbecher aus dem Stork Club zum Beispiel (der sowohl bei Aschenbecher- als auch bei New-York-Fans ungeheuer beliebt ist), die Jahrhundertwende-Poker-Karten aus einer Spielhölle in New Orleans oder die Anstecknadel der Firma Heinz (Saucen & Pickles) von der Weltausstellung 1939.

Ernsthafte Sammler sind äußerst hartnäckig, zu allem entschlossen und oft ein bisschen verrückt. Das Leben hat für sie einen einzigen Sinn: ihre Sammlungen zu ergänzen.

Meine Freundin Susan sammelt diese Blechförmchen, mit denen man Kekse aussticht. Angefangen hat das vor ein paar Jahren. Irgendwann im Dezember hat sie mal beschlossen, besonders mütterlich zu sein und zu Weihnachten Plätzchen zu backen. Als sie dann gesehen hat, was die Keksförmchen kosten, war sie sauer und ging auf den Flohmarkt. Dort stellte sie fest, dass die alten Förmchen von früher praktisch verschenkt werden. Sie waren aber nicht nur billiger als die neuen, sondern auch hübscher: irgendwie gemütlicher und origineller als die seelenlosen, blitzenden Backformen aus rostfreiem Stahl, die in den Supermärkten und Fachgeschäften verkauft werden. Bald hatte Susan mehr Keksförmchen, als in eine Schuhschachtel passten. Daraufhin beschloss sie, eine Wand in der Küche damit zu dekorieren ...

Inzwischen sind nicht nur sämtliche Küchenwände bei Susan mit blechernen Herzen und Sternen bedeckt – die Wirkung ist so ähnlich wie das Negativ von einem Pfefferkuchenhaus, könnte man sagen – die Dinger hängen auch schon von der Decke herunter.

David sammelt Barbie-Puppen und die dazu passenden Kleider und Accessoires: jede Menge verschiedene Outfits, Autos und Traumhäuser.

Bruce sammelt alte Zahnarztstühle. Er hat sieben Stück davon im Halbkreis in seinem Wohnzimmer stehen. So richtig entspannen kann man sich bei ihm nicht, man hat mehr das Gefühl, in einer Folterkammer zu sitzen.

Sonya sammelt antike Hutnadeln, und Mark sammelt alles Mögliche, was mit den glorreichen Zeiten der alten Eisenbahnen zu tun hat.

Mit Ausnahme von David, der mir die Entstehung seiner Sammlung vollkommen logisch erklärte, verstehe ich eigentlich nicht, was die Menschen zum Sammeln treibt und wie aus einem oberflächlichen Interesse oder einer milden Zuneigung plötzlich eine Leidenschaft wird. Besonders so eine rasante Entwicklung der Sammelwut wie zum Beispiel bei Susan, die zunächst bloß aus Sparsamkeit ein paar alte Keksförmchen kaufte und dann praktisch über Nacht zur fanatischen Sammlerin wurde, verblüfft mich immer wieder. Die einzige Erklärung besteht wohl darin, dass verschüttete Kindheitserinnerungen bei ihr geweckt wurden.

Im Falle Davids gibt es gar keinen Zweifel daran, dass es um Kindheitserlebnisse geht. Er hat mir erzählt, dass er sich als kleiner Junge dringend eine Barbie-Puppe gewünscht hat. Genau so eine, wie die Nachbarstochter hatte. Aber sein Vater ließ es einfach nicht zu. Und als David schließlich alt genug war, um sich selbst seine Barbie-Puppen zu kaufen, genügte eine einzige Puppe natürlich nicht mehr, um das unbefriedigte Kindheitsbedürfnis zu stillen. Und die modernen Barbie-Puppen genügten natürlich erst recht nicht. Er brauchte die Barbie-Puppen der Kindheit, und so wurde er zu einem jener Fanatiker, die auf dem Flohmarkt auftauchen, noch ehe die Verkäufer ihre Stände ganz aufgebaut haben, immer auf der Suche nach Barbies Schwesterntracht und Barbie-Pumps in Originalverpackung.

Die Zeitungen sind voll von Sammlergeschichten. Letzte Woche fand ich gleich zwei bemerkenswerte Berichte: Das eine war der Nachruf auf einen Mann, der die drittgrößte Glühbirnen-Sammlung der Welt hatte. (Die größte befindet sich in Washington im Museum für Geschichte und Technik in der *Smithsonian Institution,* die zweitgrößte im *Henry Ford Museum* in Michigan.) Das andere war mehr eine Kuriosität: Ein Mann erzählte davon, dass er und seine Frau Egg-Coddler sammeln (Egg-Coddler sind Porzellangefäße mit Metalldeckeln, die man ins kochende Wasser stellt, um Eier darin zu kochen). Den ersten, sagte er, hätte er vor drei Jahren auf einem Flohmarkt gekauft, und jetzt hätte er schon zweiundachtzig.

Ich glaube, die meisten Sammler haben zu einem bestimmten Aspekt ihrer Sammelobjekte eine starke emotionale Beziehung. Mal wird ihre Begeisterung von der Erinnerung an ein Kindheitserlebnis geweckt (der Glühbirnensammler sagte, als Baby habe er sich für normales Spielzeug nicht interessiert, und so habe seine Mutter ihm eine Glühbirne zum Spielen gegeben), mal wird ihre Phantasie angeregt, mal auch einfach ihr Sinn für Ästhetik. Natürlich erklärt das noch nicht, warum sie 1000

Porzellanfrösche brauchen oder Erstausgaben sämtlicher Illustrierten, die es je gab. Aber sie haben nun mal das Bedürfnis, es macht ihnen Freude, und es tut niemand weh. Was schadet es also? Es schadet nicht das Geringste.

Gelegentlich haben die Sammlungen mit dem Beruf des Sammlers zu tun oder werden für Werbezwecke benutzt. Der Besitzer einer chemischen Reinigung bei mir um die Ecke sammelt zum Beispiel alte Bügeleisen und stellt sie zur Dekoration in sein Schaufenster. Ich kenne eine Boutique für Kinderkleider, in der ein Regal mit Babyschuhen aus Bronze gefüllt ist. Solche »Kunstgegenstände« waren in den fünfziger Jahren äußerst beliebt und sind jetzt in Massen auf allen amerikanischen Flohmärkten zu haben. Ich kenne einen Otologen (das ist ein Facharzt für Ohrenkrankheiten), der alte Hörgeräte und Hörrohre sammelt. Ein Apotheker bei mir in der Nähe hat eine sehr eindrucksvolle Sammlung von Mörsern, Stößeln, Glaskolben und Tiegeln in seiner Apotheke, was mir schon deshalb gefällt, weil ich auf diese Weise etwas anschauen kann, während er mein Rezept herrichtet.

Auch bei den anderen gefällt es mir, dass sie alte Gerätschaften sammeln, die zu ihrem Handwerk gehören. Es zeigt meiner Meinung nach, dass sie ihren Beruf lieben und sich Mühe geben, das Beste für ihre Kunden zu tun. Der Besitzer der Reinigung mit den Bügeleisen im Schaufenster ist offensichtlich stolz darauf, was er tut, und schon deshalb bringe ich ihm gern meine Kleider.

Was mich bei Sammlern allerdings immer wieder verblüfft, sind die Moden, die plötzlich ausbrechen. Quasi über Nacht werden Dinge, die eigentlich niemanden recht interessieren, zu heiß begehrten Sammlerobjekten. Alles stürzt sich auf Sachen, die gestern noch unbeachtet herumlagen. Einweckgläser zum Beispiel. Alte Bierflaschen und Cremedosen. Kitschige Salz- und Pfefferstreuer. Oder Sachen aus Bakelit. Oder Pausenbrottaschen für Schulkinder.

Meist handelt es sich gar nicht um Antiquitäten (die bekanntlich 75 Jahre alt sein müssen). Aber wenn sich genug Leute dafür interessieren, gelten diese Dinge als »Sammlerobjekte« – und das macht sie teurer, aber auch wertvoller. So wie mein Spielzeug zum Beispiel. Gestern noch wollte es niemand haben, heute sind alle dahinter her. Und obwohl ich mir kein neues mehr leisten kann, sind die Sachen, die ich habe, plötzlich viel mehr wert als ich bezahlt habe. (Wenn ich sie verkaufen würde, was ich aber nicht tue.)

Aber Vorsicht! Die Popularität von »Sammlerobjekten« ist keine stabile Größe. Sie kommt über Nacht, kann aber genauso schnell wieder verschwinden. Vor zwölf oder fünfzehn Jahren kam *FiestaWare* mal in Mode. Auf den Flohmärkten wurde den Verkäufern dieses grellbunt glasierte, stromlinienförmige Keramik-Geschirr geradezu aus den Händen gerissen. Noch ehe sie die roten, gelben, grünen und orangefarbenen Teller, Tassen und Schüsseln auf die Tische stellen konnten, waren die Käufer schon da. Einen kompletten Satz FiestaWare zu besitzen war das höchste Ziel vieler Flohmarktbesucher. Ein Ziel, das sie mit der gleichen Hartnäckigkeit verfolgten, mit der andere sich darum bemühen, einen Menschen auf dem Mond spazieren gehen zu lassen, ein wirksames Mittel gegen Krebs zu entwickeln oder eine bezahlbare Wohnung in einem der besseren Teile Manhattans zu finden.

Besonders begehrt war die rote FiestaWare, die wunderbar leuchtend und klar war. Dieses strahlende rote Geschirr zu besitzen, war unglaublich *cool* – bis plötzlich bekannt wurde, dass es ein Gesundheitsrisiko darstellte, von diesen roten Tellern zu essen. Und obwohl nur das rote Geschirr den gefährlichen Farbstoff enthielt, fiel ein Schatten auf die ganze FiestaWare-Mode. So hübsch sie auch sein mochten – niemand hatte Lust, von vergifteten Tellern zu essen. Und Geschirr, von dem man nicht essen kann, wollte auch niemand haben. FiestaWare ist zwar immer noch ein Sammlerobjekt, aber besonders begehrt ist sie nicht mehr. Wenn man also einen Satz FiestaWare auf dem Höhepunkt ihrer Popularität gekauft hatte, dann konnte man sie nur mit Verlust wieder abstoßen.

Die Faustregel beim Sammeln (und beim Einkaufen auf dem Flohmarkt überhaupt) ist wahrscheinlich dieselbe, die bei der Anschaffung von Kunst gilt: Kaufen Sie das, was Ihnen gefällt. Wenn Ihnen etwas gefällt, dann besteht die Wahrscheinlichkeit, dass andere es auch mögen. Und je mehr Leute etwas mögen, desto größer ist die Wahrscheinlichkeit, dass es an Wert gewinnt. Und wenn es das nicht tut, können Sie sich immer noch selbst daran freuen. Ganz zu schweigen von dem Spaß, den Sie bei der Entdeckung, beim Einkauf und dabei gehabt haben, ihre Neuerwerbung nach Hause zu tragen und zu einem Teil Ihres Lebens zu machen.

Erinnerungen beim Einkaufen

Marcel Proust hatte den Geschmack der *Madeleinen*, um seine Erinnerungen zu wecken, was eine gute Sache für die Literatur war, denn auf den Flohmarkt mit all seinem Staub konnte ein Asthmatiker wie Proust ja nicht gehen. Wäre ihm das möglich gewesen, hätte die *Suche nach der verlorenen Zeit* wahrscheinlich weitaus mehr als nur sieben Bände gehabt. Denn der Flohmarkt, wo man sich mit Tausenden von Gegenständen aus der unmittelbaren Vergangenheit konfrontiert sieht, weckt Erinnerungen geradezu explosionsartig.

Vor ein paar Jahren stieß ich auf einem Flohmarkt im Staat New York auf eine lavendelfarbige, viereckige Blechbüchse mit aufklappbarem Deckel, die mit Veilchen und grünen Girlanden bemalt war. Es war eine Louis-Sherry-Konfektschachtel. In dieser Büchse waren einmal Pralinen gewesen, so wie man sie heute in Pappschachteln kauft, die mit Cellophan umhüllt sind, damit die Schokolade und ihre Füllung nicht austrocknen. Obwohl solche Schokolade in Blechbüchsen ein Luxus war, den es schon längst nicht mehr gab, als ich auf die Welt kam, versetzte mich der Anblick der Büchse im hohen Bogen in meine Kindheit zurück.

Meine Großmutter hatte nämlich so eine Louis-Sherry-Büchse. Vielleicht stammte sie noch aus ihrer Mädchenzeit, vielleicht hatte ihr auch mein Großvater Pralinen darin gebracht, als er um sie warb, das weiß ich nicht so genau. Ich erinnere mich aber, dass sie Münzen darin aufbewahrte, als ich noch klein war: Pennies, Nickels und Dimes. Für mich und meinen Bruder war das wie eine kleine private Schatzkiste voller Doublonen. Immer wenn wir unsere Großmutter besuchten, erlaubte sie uns, zwei Münzen aus der Louis-Sherry-Piraten-Schatztruhe zu nehmen, die sie in ihrem Schlafzimmer hatte.

Mein drei Jahre älterer Bruder nahm natürlich immer zwei Dimes, während ich – als lebende Verkörperung der Entwicklungstheorie von Piaget – nach den Fünf-Cent-Stücken griff, weil die größer waren als die anderen Münzen. Ich erinnere mich noch, dass mein Bruder mir zu erklären versuchte, dass die Nickels zwar erheblich größer, die Dimes aber doppelt so viel wert seien, auch wenn sie nur halb so groß waren. Aber das wollte ich einfach nicht einsehen. Er musste sich irren. Es war ja geradezu widersinnig, dass die kleineren Münzen mehr wert sein sollten. Mein Bruder, dachte ich, war ein Trottel, und das befriedigte mich ungeheuer.

Ich kann nicht viel älter als drei gewesen sein, damals. Sollte das meine früheste Erinnerung sein? Das ist durchaus möglich, und es ist äußerst wahrscheinlich, dass ich sie nie gehabt hätte, wäre ich auf dem Flohmarkt nicht auf die Louis-Sherry-Büchse gestoßen. Ich hab sie natürlich gekauft – und bewahre jetzt selbst das überschüssige Kleingeld darin auf, das ich nicht ständig mit mir herumschleppen mag.

Wenn Sie auf dem Flohmarkt die Ohren offen halten und mehr oder weniger unfreiwillig den Gesprächen der anderen Besucher lauschen, werden sie immer wieder Zeuge jener typischen Entzückens- und Entsetzensschreie, die Leute ausstoßen, wenn eine Erinnerung ausgelöst wird.

Das Entzücken kommt natürlich daher, dass die Leute Gegenständen aus ihrer Kindheit begegnen, und solche Begegnungen können durchaus freudige Erinnerungen auslösen, so wie man sich freut, wenn man alten Freunden begegnet.

Das Entsetzen hingegen macht sich vor allem dann breit, wenn einem klar wird, dass auf dem Flohmarkt Dinge aus der eigenen Vergangenheit *als Antiquitäten* verkauft werden. »Bin ich wirklich schon so alt?«, fragt man sich unwillkürlich. Aber seien Sie guten Mutes! Die Händler wissen einfach, dass Kindheitserinnerungen uns Trost und Freude schenken und dass wir oft genug bereit sind, gutes Geld für einen *I love the Monkees*-Button zu bezahlen, auf den wir mit elf Jahren so stolz waren und der dann doch irgendwann den Weg alles Irdischen ging. Sie wissen, was uns das Kochbuch von Betty Crocker bedeutet, ohne das unsere Mütter nicht auskamen. So wie sich ein Losverkäufer auf unsere niemals endende Hoffnung verlässt, irgendwann einmal den großen Treffer zu landen, so verlassen die Flohmarktverkäufer sich auf unser Bedürfnis nach Nostalgie.

Hören Sie doch mal zu, was die Leute so sagen: »Ach, du meine Güte! Schau dir das an! Das ist genau wie das Silberbesteck meiner Großmutter. Am ersten Weihnachtstag sind wir immer zum Essen bei ihr gewesen. Meine Mutter hat einen Brotpudding mitgebracht, und meine Großmutter hat das gute Geschirr und das Silberbesteck aufgedeckt. Würde wirklich gern wissen, wo das abgeblieben ist! Wahrscheinlich hat es sich meine

Schwägerin geschnappt, als Großmutter tot war. Die blöde Kuh hat das ganze Haus leergeräumt.«

Oder: »Oh, nein! Stell dir vor! Das ist genau so eine *Dennis the Menace*-Pausenbrottasche, wie ich sie in der dritten Klasse gehabt habe. Ich hab jeden Tag Thunfisch auf Weißbrot gegessen. Jeden Tag! Ein ganzes Jahr lang hab ich mich geweigert, irgendwas anderes mit in die Schule zu nehmen! Und jetzt ist die Tasche eine Antiquität? Was soll das Ding kosten? Mein Gott, meine alte Pausenbrottasche ist ein Vermögen wert!«

Es ist wie ein Klassentreffen, ein Wiedersehen nicht mit den Menschen, aber mit den Dingen von damals. Sachen, die man Jahre und Jahrzehnte lang nicht mehr gesehen hat, tauchen aus der Vergangenheit auf und werden zum Katalysator für unsere Erinnerungen.

Als kleines Mädchen habe ich mich für Puppen nicht sehr interessiert. Ich weiß, dass wohlmeinende Erwachsene mir ein paar Puppen geschenkt haben, aber ich liebte sie nicht, und dass ich mich an sie erinnere, hat nichts mit mütterlichen Instinkten zu tun.

So hatte ich zum Beispiel eine Puppe namens *Chatty Kathy* (den Namen hatte nicht ich ihr gegeben, sondern der Hersteller). Auf dem Rücken hatte sie eine Schnur, und wenn man daran zog, fing sie an zu reden. Soweit ich mich erinnern kann, hatte sie nichts besonders Kluges zu sagen, und ich hatte es bald satt, an der Schnur zu ziehen und eine kratzige Blechstimme »Hallo, ich bin Chatty Kathy« und andere Banalitäten krächzen zu hören.

Stattdessen interessierte es mich, wie es möglich war, dass Chatty Kathy überhaupt redete. Ich riss ihr also den Kopf ab und schlug den Torso mit einem Hammer in Stücke. Ich erzähle das nicht, damit Sie erfahren, was für ein schreckliches Kind ich gewesen sein muss, ich will damit nur sagen, dass ich nicht der Puppen-Typ war. (Ich habe in den letzten Jahren zwei Mal Chatty Kathy-Puppen auf dem Flohmarkt gesehen, die sich in ausgezeichnetem Zustand befanden und offenbar sehr viel braveren kleinen Mädchen gehört haben.)

Als ich mich das erste Mal wirklich für eine Puppe begeisterte, war ich schon etwas älter. Es war keine Baby-Puppe – und auch keine Barbie. (Mein Interesse an Ken und Barbie beruhte ausschließlich auf sexueller Neugier, aber leider gab es weder bei Barbie noch bei Ken irgendwelche Geschlechtsteile, die einer genaueren Untersuchung wert waren.) Nein, die Puppen, in die ich mich wirklich verliebte, waren Trolle.

Als sie zuerst auf den Markt kamen, hießen sie *WishNiks*. Sie waren vier oder fünf Zoll groß und hatten die Gesichter und Ohren von Kobolden. Sie hatten Haare aus grellrosa, grünen oder neonblauen Seidenfäden, die genauso lang wie sie selbst waren. Kleider hatten sie keine. Sie waren nackt und entschieden geschlechtslos. Sie hatten aber stark ausgeprägte Steiße, und diese Hinterteile waren für uns Kinder natürlich immer ein Anlass zum Kichern.

Die WishNiks waren ein Riesenerfolg. Viele Mütter waren allerdings nicht bereit, ihren Töchtern solche hässlichen Puppen zu kaufen. Auch mir versuchte meine Mutter ein bisschen Stil beizubringen und wählte meine Kleider und Möbel mit großem Geschmack aus. Aber was die Puppen anging, war sie glücklicherweise unvoreingenommen. Solange ich die ekligen Dinger nach dem Spielen in einen Schrank steckte, durfte ich welche haben.

Ich wurde also zu einer begeisterten Sammlerin von Trollpuppen, die es bald in den verschiedensten Größen gab. Als Nächstes kamen die Kleider und Ausrüstungsgegenstände und schließlich »Das Große Trollhaus«. Meine Trolle und ihre Ausstattung vermehrten sich wie die Kaninchen.

Ein Jahr später hatte ich das Gefühl, dass ich jetzt zu alt sei, um mit solchen Sachen zu spielen. Ich packte alles in eine Kiste, brachte sie auf den Dachboden und vergaß sie fürs Erste.

Als ich dann Studentin war und auf dem Flohmarkt nach alten Klamotten suchte, entdeckte ich die Trolle zum ersten (aber nicht zum letzten) Mal wieder. Meine Kindheitsgefährten waren zu Sammlerobjekten geworden, und mein Herz schwoll vor Heimweh nach meiner Kindheit. Sofort erinnerte ich mich wieder daran, wie ich diese Puppen geliebt hatte, als ich acht Jahre alt war, wie ich sie anzog, frisierte und um ihre Wohnhöhle aus Plastik herum dekorierte. Ich zeigte sie einer Freundin und sagte: »Ich habe mindestens fünfzig von diesen Puppen und sämtliche Accessoires, samt Auto und Haus.« Ich fragte, was der Troll kosten sollte.

An den Preis, den die Verkäuferin nannte, kann ich mich nicht mehr erinnern. Aber ich weiß noch genau, dass alle sentimentalen Gefühle mit einem Schlag weg waren und dass ich meiner Freundin aus vollem Herzen zustimmte, als sie sagte: »Du solltest die Dinger verkaufen!«

Noch am selben Abend rief ich zu Hause an, nur um zu hören, dass meine Mutter die Kiste mit den teuren Trollen schon vor über zehn Jahren einer Nachbarin mit einem Kind im passenden Alter geschenkt hatte. Antiquitäten und hübsche Dinge liebte meine Mutter unendlich, aber Gerümpel konnte sie nun einmal nicht leiden. Sie sah nicht ein, warum sie etwas aufheben sollte, das nicht mehr gebraucht wurde. So sollte diese Art von Enttäuschung sich auch noch ein paar Mal wiederholen. Mein altes Spielzeug, die blaue Glasperlenkette, die meine Mutter einmal gehabt hatte, der alte Füllfederhalter von meinem Großvater – jedes Mal, wenn ich anrief, um nach solchen Dingen zu fragen, erklärte mir meine Mutter, das »alte Zeug« sei längst aus dem Haus. Ich wage gar nicht daran zu denken, was meine alten Trolle *heute* wert wären, wo meine Generation wohlhabend und sentimental genug ist, um solche Kindheitsschätze zu überhöhten Preisen zu kaufen.

Wenn man genug Zeit und Energie aufwendet, könnte man wahrscheinlich sämtliche materiellen Güter, die man je besessen hat, wiederfinden. Wahrscheinlich nicht alles gleichzeitig auf *einem* Flohmarkt, aber echte Aficionados begegnen im Lauf der Jahre doch beinahe allem, was sie je gehabt haben. Wir finden unser altes Spielzeug, unser altes Geschirr, unsere Kleider, unseren verlorenen Schmuck, die Möbel aus unserem Schlafzimmer, all die Dinge, die man hätte aufheben können und von denen man sich doch getrennt hat. Alles ist irgendwann auf dem Flohmarkt zu haben.

Ich habe mal eine Frau getroffen, die ihre gesamte

Freizeit damit verbrachte, einen Raum in ihrer Wohnung so herzurichten, wie ihr Mädchenzimmer im Jahre 1966 ausgesehen hatte. Begegnet sind wir uns auf einem Flohmarkt, wo ich gerade eine grüne 7-up-Flasche mit stark verlängertem Hals kaufen wollte, den ein Glasbläser künstlich gestreckt hatte. Warum ich die haben wollte? Einzig und allein deshalb, weil ich Ende der sechziger Jahre als kleines Mädchen schon mal so eine gehabt hatte. Damals steckte eine grellrosa und lindgrüne Papierblume drin. Eine Freundin hatte sie mir geschenkt, und ich war der Ansicht, das sei die *coolste* Sache der Welt. So *mod*.

Als ich nach der Flasche griff, schnappte eine Frau neben mir hörbar nach Luft und fragte dann sehr höflich und vorsichtig: »Sagen Sie, wollen Sie das Ding wirklich unbedingt haben?«

Das war ein klarer Verstoß gegen den Verhaltenskodex des Flohmarkts, wo es nicht üblich ist, Verkaufsverhandlungen über Gegenstände zu führen, die ein anderer Besucher bereits in der Hand hat, aber sie sah so verzweifelt aus, dass ich sofort zu Konzessionen bereit war. »Nein, nicht unbedingt«, sagte ich. »Möchten Sie's lieber haben?«

»Ja«, seufzte sie höchst erleichtert.

Natürlich musste sie am Ende viel zu viel für die Giraffenhals-Flasche zahlen, weil sie noch gegen eine weitere Flohmarktregel verstoßen und dem Verkäufer viel zu deutlich gezeigt hatte, wie dringend sie das gute Stück haben wollte. Wenn man das tut, geht der Preis automatisch nach oben und man kann nicht mehr handeln. Im vorliegenden Falle erklärte der Verkäufer, die

5 Dollar auf dem Preisschild seien nicht der Verkaufs-
preis, sondern das, was er selbst für die Flasche bezahlt
hätte. »Unter zehn Dollar kann ich Ihnen die Flasche
nicht geben.« Diese offensichtliche Lüge ignorierte die
Käuferin souverän und zahlte, was er verlangte. Dann
erklärte sie mir: »Ich bin dabei, das Mädchenzimmer zu
rekonstruieren, das ich mit sechzehn gehabt habe.«

Auf der psychologischen Ebene hätte ich so ein Vor-
haben ziemlich bedenklich gefunden, aber sie über-
zeugte mich, dass es ihr um ein ästhetisches Phänomen
ging, und das konnte ich sehr gut verstehen. »Mein
Zimmer war stilechte Carnaby Street. Pink-und-lila-ge-
streifte Tapete mit dazu passender Bettdecke. Oran-
gefarbene Sitzkissen, zwei Kinder-Poster von Keane.
Erinnern Sie sich? Diese grässlichen Bilder von groß-
äugigen, überzüchteten, als Strolchen verkleideten Kindern?«

Ich erinnerte mich nur allzu genau. Die Bilder sind
absolut schauderhaft kitschig gewesen. Ich erinnerte
mich, dass ich auch eins gewollt hatte und dass meine
Mutter nein gesagt hatte, diese Poster seien wirklich zu
scheußlich.

1968, erzählte mir die Frau weiter, wollte sie den
Mod-Room dann nicht mehr haben. Pink, Lila und
Orange konnte sie plötzlich nicht mehr ertragen. »Die
wunderbare Tagesdecke tauschte ich gegen eine indi-
sche ein. Die Drucke von Keane wurden durch Poster
von Mick Jagger und Janis Joplin ersetzt, und die schöne 7-up-Flasche hier gegen eine billige Wasserpfeife
getauscht. Ein schrecklicher Fehler. Der *Mod-Room* war
viel spektakulärer.«

Ich treffe die Frau auch heute noch gelegentlich auf dem Flohmarkt bei mir in der Nähe. (Die Gesichter der regelmäßigen Besucher werden einem im Lauf der Zeit recht vertraut, aber interessante Leute kann man dort immer beobachten: die Jungen und Alten, die Verrückten, die Schönen, die Prominenten sind alle vertreten und obendrein gibt es noch jede Menge bizarre Gestalten unter den Händlern.) Das letzte Mal, als ich sie gesehen habe, war sie gerade mit einem Federmäppchen aus Plexiglas beschäftigt, das wahrscheinlich auch in ihr Jugendzimmer gehörte.

Es ist alles da: das Geschirr Ihrer Mutter, die Vase auf dem Tisch Ihrer Großmutter, der Stahlhelm und die Feldpostkarten von Ihrem Großvater, der Pucci-Schal von Ihrer Cousine, der Chemie-Baukasten, den Sie als Zehnjähriger hatten, und das silberne Zauberarmband, das Sie sich als Teenager immer so dringend gewünscht haben. Das Leben unserer Großeltern und Eltern, aber auch ein großer Teil unseres eigenen Lebens liegt ausgebreitet auf den Tischen des Flohmarkts, damit wir uns erinnern und zurückholen können, was wir begehren.

Ein Besuch auf dem Flohmarkt ist eine Reise in die Vergangenheit. Wir begegnen den Überresten unseres früheren Lebens wie lange vergessenen Freunden. Überraschung mischt sich mit Freude. Manchmal werden wir wehmütig, erinnern uns an Erlebnisse, an die wir seit Jahren nicht mehr gedacht haben, und verabreden uns. Meistens sagen wir: »Schön, dich mal wieder zu sehen«, und gehen dann unserer Wege. Manchmal wird die Sehnsucht ganz unerträglich und man kann einfach nicht nach Hause gehen, ohne den giftgrünen Plexiglas-

Ring oder den Roy-Rogers-Sheriffstern mitzunehmen; manchmal ist es der wohlige Schauer, der einen überläuft, wenn man sich sagen kann: »Diese grässlichen Sachen brauche ich jetzt glücklicherweise nicht mehr zu tragen!« Aber meistens freut man sich einfach, wenn man sich an Dinge erinnert, die man zwar noch nicht ganz vergessen hat, die aber ohne den Flohmarkt nicht so leicht wieder aufgetaucht wären.

Die Nostalgie kann natürlich auch vollkommen fiktiv sein, eine Sehnsucht nach Dingen, die wir gerne erlebt hätten. Fragen Sie Leute mal, wann sie gerne gelebt hätten, und fast immer werden Sie Antworten hören, die sich nicht auf die Gegenwart beziehen. Stattdessen schwärmen die Leute von den zwanziger Jahren, vom Wilden Westen, vom Mittelalter oder der Renaissance. Wir alle haben romantische Vorstellungen von den Zeiten vor unserer Zeit. Und so wie mich damals der Besuch bei den Rothmans mit einer unbestimmten Sehnsucht nach der Vergangenheit erfüllte, hegen wir alle unsere nostalgischen Träume. Die Zeitmaschine ist immer noch pure Fiktion, aber die Dinge aus der Vergangenheit, denen wir auf dem Flohmarkt begegnen, vermögen unsere Seele zu rühren.

Wenn es einem zu viel wird

Es ist praktisch unmöglich, jedem Gegenstand auf dem Flohmarkt Beachtung zu schenken. Es ist einfach zuviel da, und die Kunst der übersichtlichen Präsentation ist mit Sicherheit keine Stärke des Flohmarkts. In der Regel werden die Waren auf den Tischen wüst durcheinandergewürfelt: Eine Schachtel mit Zinnsoldaten steht auf einem Stapel vergilbter Tischdecken, die wiederum von ramponiertem Christbaumschmuck und alten Milchflaschen umstellt sind.

Manche Verkäufer geben sich durchaus Mühe, die Dinge vernünftig zu arrangieren. Viele haben einen echten Blickfang auf ihrem Tisch: ein altes Grammophon oder eine nackte Schaufensterpuppe. Aber am Ende sind diese Ordnungsversuche doch ziemlich vergeblich. Es ist alles ein Durcheinander, man muss sich als Flohmarktbesucher schon Zeit nehmen. (Und vergessen Sie nicht, auch mal unter die Tische zu schauen! Da stehen oft noch weitere Kisten mit Sachen.)

Überall liegen Berge von Zeug, und wenn man oft genug auf dem Flohmarkt war, kommt bei jedem Aficionado die Stunde, wo er fürchten muss, dass es in seiner Wohnung bald auch so wie auf dem Flohmarkt aussieht. Die Regale füllen sich mit unseren unzähligen Schätzen, die Schränke platzen aus allen Nähten, die Wände sind über und über mit unseren Trophäen bedeckt, und wenn wir von einem Zimmer ins andere wollen, müssen wir einen Hindernislauf absolvieren. (Sie wissen: Es gab mal eine Zeit, wo ich drei Küchentische hatte!) Unsere Wohnungen und Häuser brechen unter dem Gewicht unserer Beutestücke zusammen, und unsere Freunde vergleichen uns mit Miss Haversham, jener Dickens-Figur, in deren Haus seit fünfzig Jahren nicht mehr Staub gewischt wurde. Richtig schlimm wird es allerdings erst, wenn man uns mit den Collyers vergleicht, zwei exzentrischen älteren Zwillingsbrüdern, die in den vierziger Jahren starben, als die Stapel von Gerümpel über ihnen zusammenbrachen, die sie in ihrer New Yorker Wohnung aufgehäuft hatten. (Unter anderem hatten sie sieben große Flügel in ihrem Appartement.) Das ist wahrscheinlich ein Risiko, mit dem jeder echte Fan rechnen muss: Tod durch einstürzenden Krimskrams vom Flohmarkt.

Dagegen muss man was tun. Wir dürfen nicht warten, bis uns das Gerümpel erschlägt. Wir müssen eine Säuberung durchführen. Wir müssen alles, was wir nicht unbedingt absolut lieben, zusammenpacken und auf dem Flohmarkt verkaufen. Wir können es in den Antiquitätengeschäften versuchen. Und das Internet gibt es ja auch noch: Stellen Sie Ihre Sachen bei *E-bay* ins Angebot oder bei einem der anderen virtuellen Auktionshäuser. Schenken Sie das Zeug einem Thrift Store.

Aber machen Sie sich nichts vor: Auch und gerade wenn Sie dabei ein hübsches Sümmchen erlösen, wird das nicht dazu führen, dass Sie danach vor kahlen Wänden sitzen. Ganz im Gegenteil: Sie werden das Geld nehmen, zum Flohmarkt gehen und wieder von vorne anfangen. Es ist ein Teufelskreis: Sie verkaufen Ihre

Beinahe-Lieblingsstücke, nur um festzustellen, dass Sie jetzt Geld und Platz haben, um wieder neue zu kaufen. Schlimmer noch: In manchen Fällen kaufen Sie ganz ähnliche Stücke wie die, die Sie gerade verkauft haben.

Ganz egal, wie viel wir schon angehäuft haben: Die wahrhaft Süchtigen können und wollen den Flohmarkt nicht aufgeben. Wir brauchen den Adrenalinstoß und den Kick einer Schatzsuche. Warum sollten wir auch damit aufhören? Hören wir denn mit dem Sex auf, bloß weil wir schon Kinder genug haben? Nicht, dass ich wüsste. Was wir brauchen, ist eine Methode des kreativen Einkaufens, bei dem wir den Spaß haben, ohne dass unsere Wohnungen überquellen.

Der einfachste und offensichtlichste Ausweg besteht natürlich darin, dass wir für andere einkaufen. Wenn wir die Sammlung eines Freundes bereichern, ist das für uns selbst genauso eine Bereicherung. Wenn ich meiner Freundin Susan ein ungewöhnliches altes Keksförmchen mitbringen kann, freue ich mich genauso wie sie. Ich bin sehr stolz darauf, dass ich mal eins gefunden habe, mit dem sie Plätzchen in Form von Kamelen ausstechen könnte, falls sie je wieder bäckt. Und als ich die Schachtel mit Glasaugen für meinen Freund Ross gefunden habe, war ich tagelang glücklich. Der wahre Spaß besteht nun einmal im Finden und nicht im Besitzen.

Heute gehe ich vor allem auf den Flohmarkt, um hübsche Geschenke zu finden. Neulich habe ich ein Paar schöne alte Leuchter aus Silber als Hochzeitsgeschenk eingekauft. Für den gleichen Betrag hätte ich bei Tiffany's zwei neue gekriegt – allerdings nur aus Glas. Diese gläsernen Tiffany-Leuchter bekommen heute fast alle Paare zur Hochzeit geschenkt, nicht selten gleich sechs oder acht. Dabei sind sie nicht mal besonders schön, und die Schachtel mit dem Tiffany-Aufdruck kann das glückliche Paar schließlich nicht mit dazu auf den Tisch stellen, wenn sie die Kerzen anzünden. Da machen silberne Leuchter schon mehr her.

Leuchter sind natürlich recht einfach. Diese Dinge sind so klassisch, dass die Empfänger eines solchen Geschenks keine Antiquitätenfreunde sein müssen, um sie zu mögen. Bei anderen Geschenken sollten Sie aber lieber rechtzeitig herauszufinden versuchen, welche Einstellung Ihre Freunde und Familienmitglieder gegenüber Dingen aus zweiter Hand haben. Es ist mir zwar unverständlich, aber nicht jeder mag sie.

Für jene Individualisten aber, die einen eigenen Geschmack haben, findet man auf dem Flohmarkt perfekte Geschenke. Das psychedelische Sammel-Album für 45er-Platten (ca. 1966), Ohrringe, die wie kleine Kronleuchter aussehen (1928 oder davor), ein höchst eleganter Martini-Mixbecher (1955), ein Eiskübel mit Leopardenmuster (1957), ein silbernes Zigarettenetui (1940) – in einer Hinsicht können Sie ganz sicher sein: Das alles sind Dinge, die der Beschenkte bestimmt noch nicht hat und die ihm auch kein anderer mitbringt.

Aus Gründen, die vielleicht auf der Hand liegen (Wer findet die Sünde nicht faszinierend?), sind Dinge, die mit dem Laster zu tun haben – damit meine ich Rauchen, Trinken und Glücksspiel – besonders begehrt. Wenn man selbst (oder der Empfänger der Geschenke) diese Laster missbilligt, lassen sich ja andere Verwendungsmöglichkeiten für die Accessoires finden. In einem Zigarettenetui kann man Visitenkarten oder Haarklammern aufheben. Im Aschenbecher kann man auch Kleingeld, Büroklammern und Stecknadeln sammeln. Martini-Shaker kann man als Vasen benutzen, und mit Schnapsgläsern kann man Mundwasser abmessen. Und noch ein Hinweis: Auch Frauen, die lieber nackt herumlaufen würden, als Kleider aus zweiter Hand anzuziehen, schmelzen beim Anblick alter Schmuckstücke förmlich dahin. Sie sind einfach viel romantischer, schöner und besser verarbeitet.

Die Zweckentfremdung, oder sagen wir »Umwidmung«, von Gegenständen ist eine der beliebtesten Methoden, um der Lust am Flohmarkt weiter zu frönen, ohne dass man in seinen Schätzen erstickt. Man kann dabei allerdings auch Fehler machen, wie die schreckliche Geschichte mit den Handtaschen zeigt, die ich nun wohl doch erzählen muss, obwohl ich mich jedes Mal ärgere, wenn ich das tue.

Vor zehn oder zwölf Jahren habe ich eine Zeit lang größere Mengen von Handtaschen gekauft, für die ich zwischen 50 Cents und drei Dollar bezahlte. Diese Handtaschen waren rechteckige Kästchen mit einem Handgriff. Sie bestanden entweder aus Bakelit in einer eigenartigen Farbmischung (stumpfes Gelb, Erbsengrün, lebhaftes Rot und Burgunder) oder aus durchsichtigem Plexiglas. Sie waren praktisch auf jedem Flohmarkt zu finden, in der Regel auf einem Tisch mit dem Schild: »Alles auf diesem Tisch nur 1 Dollar!« Aufgeprägte Blumenmuster waren nicht selten, oft gab es auch einen bunt glitzernden Glasbesatz als Verzierung.

Sie waren wirklich sehr hübsch, allerdings nicht sonderlich praktisch. Als richtige Handtasche konnte man sie nicht nehmen, weil nicht genug reinging, und als Abendtäschchen waren sie einfach zu sperrig. Man konnte sie nicht über die Schulter hängen oder vom Handgelenk baumeln lassen, und wenn man auf einer Party rauchen und gleichzeitig ein Glas halten wollte, waren sie schrecklich im Wege. Außerdem hatte ich bald so viele von ihnen, dass sie in meiner Wohnung viel Platz wegnahmen.

Aber natürlich fand ich bald eine Lösung, und wie so oft kam auch diese Idee ganz spontan: Ich war gerade dabei, einen Schal einzuwickeln, den ich einer Freundin zum Geburtstag gekauft hatte, als mein Blick auf den Stapel Plexiglas-Handtaschen in meinem Schlafzimmer fiel. Es war fast schon ein kleines Gebirge. Ich steckte den Schal in eine der Taschen, band um den Griff eine Schleife, und *voilà*: das perfekte Geschenk.

Die Taschen waren die optimale Verpackung für kleinere Sachen. Ich verschwendete kein teures Geschenkpapier mehr und hatte obendrein noch eine ideale Methode gefunden, um die fünfundzwanzig oder dreißig Bakelit- und Plexiglastaschen loszuwerden, die ich im Lauf der Zeit aufgehäuft hatte.

Die Taschen waren ein richtiger Hit. Oft hatte ich den Eindruck, dass sich meine Freundinnen über die Verpackung mehr freuten, als über den Inhalt. Bald hatte ich sämtliche Taschen verbraucht und beschloss, mir Nachschub zu holen. Aber als ich auf den großen Flohmarkt an der 26th Street ging, konnte ich keine finden. Das war ungewöhnlich, aber so was kommt vor. Jeder Fund ist ein Zufall, und wenn man etwas Spezielles sucht, findet man es eben nicht immer.

Am nächsten Wochenende fuhr ich nach Long Island hinaus, um eine Freundin in South Hampton zu besuchen, und natürlich gingen wir auch auf den Flohmarkt. »Halt die Augen offen!«, sagte ich zu ihr. »Sag mir Bescheid, wenn du diese Plexiglas-Handtaschen siehst.«

Bald hatte sie tatsächlich eine gefunden. Aber sie war nicht besonders schön, und obendrein verlangte die Verkäuferin 45 Dollar dafür. »So eine Frechheit!«, murmelte ich. »In den Hamptons denken die Leute immer, ihr Gerümpel sei was Besonderes!«

Aus Gründen, die mir unerfindlich blieben, konnte ich in den folgenden Monaten einfach keine Bakelit- oder Plexiglastaschen mehr auftreiben. Ich war ziemlich enttäuscht, weil sie wirklich sehr hübsche Geschenkverpackungen abgaben. Trotzdem blieb ich meiner Idee treu. Statt der Handtaschen kaufte ich jetzt alte Zigarrenkisten und Keksbüchsen. Das war auch sehr hübsch, aber nicht so schick wie die Handtaschen.

Zwei oder drei Jahre später machte ich einen Spaziergang im teuren SoHo und stieß auf ein neues Geschäft, dessen Regale von oben bis unten ausschließlich mit Bakelit- und Plexiglastaschen gefüllt waren. Kein Wunder, dass es auf den Flohmärkten keine mehr gab. Der Besitzer dieses Ladens musste sämtliche Bakelit- und Plexiglashandtaschen in New York, New Jersey und Connecticut aufgekauft haben. Und die Preisschilder –

$ 325, $ 400, $ 295, $ 550 – waren wirklich unglaublich!

»Meine« Handtaschen waren plötzlich der Hit der
Saison. Sammlerstücke *par excellence.* Der ganze Laden
war mit gerahmten Zeitungsartikeln über Bakelit- und
Plexiglastaschen geschmückt. Ich erfuhr, welche Schau-
spielerinnen sie trugen und was für exorbitante Preise sie
auf Versteigerungen der besseren Auktionshäuser kürzlich erzielt hatten. Und ich hatte sie an Stelle von Geschenkpapier weggegeben! Es war einer dieser Momente,
wo ich mir gern einen herzhaften Tritt versetzt hätte.

Obwohl ich beim ersten Anlauf mit den Geschenkverpackungen vom Flohmarkt ein bisschen Pech hatte,
habe ich die Idee nicht aufgegeben. Keksdosen und Zigarrenkisten waren dabei nur der Anfang. Mit alten
Nähkörbchen und Hutschachteln habe ich ebenfalls
schöne Erfolge erzielt, auch bunte Stoffhandtaschen
kommen gut an. Schmuck wickle ich schon mal in schön
gewebte oder bestickte Taschentücher ein. Man macht
einen kleinen Beutel, wickelt eine bunte Schleife drum:
fertig! Buntbedruckte Tücher aus den sechziger Jahren
sind auch hübsch zum Einwickeln.

Inzwischen benutze ich für meine Verpackungsorgien
auch noch andere Schätze vom Flohmarkt. Alte Bänder
zum Beispiel, Samt und Seide, wie man sie sonst kaum
noch findet. Schöne Spitzen lassen sich zu großen
Schleifen binden. Und wenn sie anderweitig nicht mehr
brauchbar sind, demontiere ich alte Damenhüte aus den
fünfziger und sechziger Jahren, die oft reich mit Seiden-
blumen und anderem Bewuchs dekoriert sind. Die Blu-

men, Blätter, Federn oder Plastikbeeren lassen sich gut zum Verzieren meiner Geschenke verwenden.

Eine Zeit lang habe ich auch meine eigenen Neujahrs- und Geburtstagskarten gebastelt und dabei alte Briefmarken, Stofffetzen, kaputten Modeschmuck und dergleichen verwendet. So etwas macht Spaß, auch wenn es ein bisschen zeitaufwändig ist. Allerdings muss man auch hier – wie bei Geschenken vom Flohmarkt – die Adressaten sehr genau kennen. Ich habe mal eine solche Weihnachtskarte an einen Geschäftsfreund geschickt, mit dem ich erst später näher bekannt wurde, und bei dieser Gelegenheit erfuhr ich dann, dass er mich für ein bisschen verrückt gehalten hatte, als er die mit buntem Stoff beklebte Karte erhielt. (Bei Schriftstellern rechnen die Leute stets mit dem Schlimmsten.)

Sehr viel erfolgreicher war eine andere Erfindung: Ich war zu einer Geburtstagsparty bei einer Freundin eingeladen, von der ich wusste, dass sie originelle Dinge mag, und obwohl ich kaum Zeit hatte, beschloss ich, ihr Geschenk mit einer ganz persönlichen Karte zu schmücken. Ich wühlte in meiner Flohmarktkiste herum und stieß auf ein altes Foto, das acht oder neun Kinder vor einem Geburtstagskuchen mit brennenden Kerzen zeigte. Die kleinen Mädchen hatten Dauerwellen und Kleider mit Puffärmeln, die Jungen trugen Hemden mit Frackschleifen. Alle Kinder hatten Papierhüte auf. Eine selbst gebastelte Karte war also gar nicht mehr nötig. Das Foto war ideal. Ich schrieb *Happy Birthday* drauf und steckte es in den Umschlag.

Am nächsten Sonntag ging ich auf den Flohmarkt und

fand an mehreren Tischen Kisten mit alten Fotos. Ich sah sie mir sorgfältig an, und entdeckte sofort zahlreiche Motive, die sich als Glückwunschkarten einsetzen lie-ßen: eine Riesenauswahl historischer Babys, zahllose Parties, jede Menge Brautpaare, eine Gruppe Kranken-schwestern (»Werd bald wieder gesund!«) und eine schöne Auswahl von Winterlandschaften für Weihnach-ten, Chanukka und Neujahr! Ich deckte mich gründlich ein und konnte später feststellen, dass viele Empfänger diese Glückwunschfotos an die Wände gepinnt oder sogar gerahmt hatten, weil sie ihnen so gut gefielen. Hätte ich teure neue Karten gekauft, wären sie bestimmt im Papierkorb gelandet. Und wenn ich daran denke, wie viele Karten ich so verschicke, habe ich mit meinen Flohmarktentdeckungen bestimmt schon ein, zwei schö-ne Bäume vor den Papiermaschinen gerettet.

Knöpfe sind ein weiterer Schatz, den man auf Floh-märkten findet, ohne dass man davon aus der eigenen Wohnung gedrängt wird. Alte Knöpfe können richtige kleine Kunstwerke sein: daumennagelgroße Stücke voll Schönheit. Manchmal sind sie mit Perlmutt oder Mar-quisette eingelegt, mit Blumen- oder Vogelmustern ver-ziert, geprägt, geschnitzt, ziseliert; manchmal sind sie aus geschliffenem Glas oder Jett. Und dann gibt es noch die bunten Knöpfe für Kinder in Form von rosa Bären, gelben Elefanten und blauen Kätzchen. Schneiden Sie die Knöpfe von einer alten Jacke oder Bluse ab und nähen Sie originelle (vielleicht sogar verschiedene, aber zusammenpassende) Knöpfe drauf! Auf diese Weise wird ein langweiliges, müdes Kleidungsstück vielleicht plötzlich noch einmal zum Hit.

Geschickte Handwerker (zu denen ich nicht gehöre, die ich aber sehr bewundere) machen aus alten Knöpfen auch Schmuck. Andere setzen beim Sticken Akzente damit. Wieder andere kleben sie mit Heißleim auf Reißzwecken, was dann der heimischen Pinnwand ein höchst originelles Aussehen gibt.

Alte Postkarten sind auch vielseitig verwendbar. Ich benutze sie für Einladungen oder Danksagungen oder wenn ich jemandem rasch etwas mitteilen möchte. Auf dem Flohmarkt brauche ich meist bloß ein paar Cents dafür zu bezahlen. Die Bilder sind oft sehr schön oder zumindest sehr komisch, und es ist gerade genug Platz darauf, um ein paar kurze Zeilen zu schreiben.

Lassen Sie sich nicht davon irritieren, dass es gelegentlich Postkarten gibt, für die sehr viel höhere Beträge als ein paar Cents verlangt werden. Alte Postkarten sind Sammlerobjekte geworden, und manche bringen auf Auktionen viel Geld, aber das gilt nur für ganz seltene Stücke. Wenn der Verkäufer zu viel verlangt, gehen Sie einfach zum nächsten. Es gibt genug alte Karten, die irgend jemand im Urlaub gekauft, aber nie abgeschickt hat, und alte Restbestände der Papierwarenhandlungen landen wohl auch gelegentlich auf dem Flohmarkt.

Eine Idee, die mir sehr gut gefällt, ist die Verfremdung von Fotos und Postkarten. Eine Freundin von mir verschickt zu Weihnachten und Neujahr selbstgemachte Collagen, bei denen sie aus Katalogen und Anzeigen die Köpfe von Nikoläusen ausschneidet und auf alte Postkarten klebt, die etwas ganz anderes darstellen. Eine Seejungfrau, ein Bodybuilder, ein französischer Pudel oder eine tätowierte Bauchtänzerin mit einem Nikolaus-kopf kann sehr witzig aussehen.

Schöpferische Neuverwendung von Dingen aus zwei-ter Hand gibt es in allen möglichen Varianten. Manche Frauen benutzen alte Broschen als Haarklammern. Alte Hüte werden als Lampenschirme benutzt, und kaputtes Spielzeug wird anstelle von Kugeln am Weihnachtsbaum aufgehängt. Einzelne Ohrringe werden an einem Arm-reif befestigt. Praktisch jeden Gegenstand kann man an die Wand hängen und damit zum Kunstwerk erklären, und – wie ich von meiner Mutter gelernt habe – jeden Eimer oder Topf, jede Schale oder Kiste kann man mit Blumen bepflanzen.

Ob der Flohmarkt diesen Erfindungsreichtum hervor-bringt oder ob die Leute auf den Flohmarkt gehen, um ihre verrückten Ideen in die Tat umzusetzen, kann ich nicht sagen. Das ist wie die Frage danach, ob die Henne oder das Ei zuerst da war.

Unbestreitbar ist allerdings, dass der Flohmarkt eine Quelle des Individualismus und der Originalität ist.

Was der Spaß kostet

Die Welt ist kleiner geworden, und die ganz großen Entdeckungen werden selten. Das gilt auch für den Flohmarkt. Die Leute wissen einfach zu gut Bescheid. Fernsehsendungen wie die *Antiques Roadshow* (oder *Kunst und Krempel* in Deutschland) haben ein Bewusstsein dafür geschaffen, was Dinge wert sind, und das Internet gibt Gelegenheit, das stündlich zu überprüfen.

Ehe sie mit ihrer alten Vase auf den Flohmarkt geht, schaut sich die Verkäuferin heutzutage den Stempel auf der Unterseite an und versucht dann im Internet festzustellen, was das in klingender Münze bedeutet. Und das Zeug auf dem »Alles für 1 Dollar«-Tisch ist oft nur noch 25 Cents wert.

Aber ich halte das für eine Herausforderung und werde den Flohmarkt deswegen nicht aufgeben. Es gibt ja durchaus noch Schätze. Man muss nur sorgfältiger danach suchen. Und obwohl die Preise gestiegen sind: Billiger als im Antiquitätengeschäft oder billiger als neue Sachen sind die Dinge hier allemal.

Dennoch lässt sich nicht leugnen, dass Patina, Artikel aus zweiter Hand und Antiquitäten inzwischen eine Popularität erreicht haben, die sie früher nie hatten. Sogar ich finde die Entwicklung inzwischen manchmal ein bisschen verrückt. Eine angeschlagene Kaffeetasse ist immer noch eine angeschlagene Kaffeetasse, auch wenn sie zufällig von 1976 sein sollte.

Meine Mutter erzählte gern die Geschichte, wie sie den Eltern meines Vaters vorgestellt wurde. Das Erste, was ihr auffiel, war eine kostbare, ziemlich alte kleine Tänzerin aus Meißner Porzellan auf dem Kaminsims. Obwohl sie dergleichen nicht sonderlich mochte, machte sie ihren künftigen Schwiegereltern ein paar überschwängliche Komplimente, wusste sie doch, dass solche Porzellanfigürchen von Sammlern geschätzt werden.

Ihre etwas übertriebene Begeisterung löste eine gewisse Heiterkeit und eine angeregte jiddische Konversation aus, von der meine Mutter allerdings nichts verstand. Ihre Familie war schon im 19. Jahrhundert (»auf der jüdischen *Mayflower*«, wie sie gern sagte) in die Vereinigten Staaten gekommen und hatte das Jiddische längst hinter sich gelassen.

Dann überreichte ihre künftige Schwiegermutter ihr die Porzellantänzerin, was meine Mutter nun wirklich *sehr* großzügig fand. Dass man sie gleich so herzlich aufnehmen würde, hatte sie nicht erwartet. Später, als sie mit meinem Vater allein war, wollte sie aber doch wissen, warum ihre Schwiegereltern so gelacht und was sie gesagt hatten. »Ach«, sagte der, »sie dachten, dass du ein bisschen verrückt bist. Sie konnten sich nicht vorstellen, dass eine junge Amerikanerin sich für den alten Kram aus Europa so begeistert.«

Ähnliche Gefühle hatte ich, als ich letztes Jahr in der Vorweihnachtszeit zu *Henri Bendel's* an der Fifth Avenue kam. Das ist ein ziemlich vornehmer Laden, der teure Designer-Klamotten, modische Accessoires und ein paar ausgesucht schicke Haushaltswaren verkauft.

Aber diesmal entdeckte ich im ersten Stock, dass sie eine ganze Abteilung komplett im Stil der Fünfziger dekoriert hatten. Es sah aus wie im Wohnzimmer eines Einfamilienhauses im Jahre 1956: Stelzbeinige Stehlampen mit tütenförmigen Lampenschirmen beleuchteten nierenförmige Aschenbecher auf dünnbeinigen, nierenförmigen, mit gesprenkeltem Resopal überzogenen Couchtischen. Hinter der Bar standen Dutzende von alten Cocktail-Shakern, daneben ein Plattenspieler und 78er-Scheiben von Dean Martin und Frank Sinatra in großen Stapeln. Und ein Regal mit Taschenbüchern, deren Umschläge in schrillen Farben leuchteten, durfte nicht fehlen. Jedes einzelne Stück kam natürlich vom Flohmarkt und wurde jetzt als »Bendel's neuester Schick von der Fifth Avenue« zu Horrorpreisen verkauft.

Henri Bendel's steht mit diesem Vorstoß in den Secondhand-Markt nicht allein. Immer mehr Nobel-Geschäfte nehmen ausgewählte Artikel vom Flohmarkt ins Angebot auf und verkaufen neben der neuesten Mode auch alte Sachen. Auf der Madison Avenue bieten sowohl die Boutique von Ralph Lauren als auch Donna Karan viktorianische Spitze und andere Secondhand-Stücke an, die sich vorzüglich mit der neuen Mode kombinieren lassen. Norma Kamali und Betsy Johnson kaufen schon lange ihre alten Modelle vom Flohmarkt und von ihren Kunden zurück. Und zwar nicht nur die Röcke und Kleider vom Vorjahr, sondern die von vor 20 Jahren und mehr. Und warum kaufen die Designer ihre Modelle zurück? Um sie noch einmal zu verkaufen. Und zwar zu unglaublichen Preisen!

Einerseits könnte ich über diesen Trend lachen (wenn es sich denn um einen Trend handelt und nicht um eine Dauereinrichtung); denn es ist schon ziemlich komisch, wie die reichen Leute sich plötzlich auf etwas stürzen, was früher ausschließlich den Außenseitern und armen Leuten gehörte. Andererseits ärgert es mich auch. Ich komme mir vor wie der Bewohner eines heruntergekommenen Viertels, das plötzlich von Spekulanten und Immobilienhaien entdeckt wird.

Ehrlich gesagt, gefällt mir das überhaupt nicht. Ich habe das Gefühl, als wären diese Nobelkunden Eindringlinge, die sich in mein Privatvergnügen einmischen. Der Spaß auf dem Flohmarkt besteht ja – zumindest teilweise – darin, dass man sich durch Stapel von Polyester durchwühlen muss, ehe man auf Samtbrokat stößt. Sich ein makelloses Spitzenhemdchen bei Donna Karan zu kaufen, ist sicher reizvoll. Aber als ich auf einem Pariser Flohmarkt einen kompletten Satz viktorianischer weißer Unterwäsche für ein paar Euro entdeckte, war ich doch viel aufgeregter.

Die Preise auf den Flohmärkten steigen, aber das gilt schließlich auch für andere Preise. Nahrungsmittel und Mieten werden auch nicht billiger, warum sollte ausgerechnet der Flohmarkt gegenüber Preissteigerungen immun sein?

Wenn man das Gleichgewicht von Angebot und Nachfrage intakt halten will, bleibt immer noch die Möglichkeit des Feilschens. Ich halte es teils für eine Kunst und teils für Berechnung, kann selbst aber nicht sehr gut feilschen. Meist zahle ich einfach, was der Verkäufer verlangt, vor allem wenn der Preis mir vernünftig erscheint. Und wenn er »Fünf Dollar« sagt, dann zahle ich in neun von zehn Fällen auch fünf Dollar.

Freunde und Bekannte, die weitaus begabter sind, haben mich wegen meiner mangelnden Bemühungen, die Preise herunterzuhandeln, schon häufig getadelt. Und ich glaube, grundsätzlich haben sie Recht. Oft genug verlangen die Händler mindestens zwanzig Prozent mehr, als sie sich eigentlich erhoffen. Sie rechnen damit, dreißig Prozent weniger zu erhalten, als sie verlangen. Außer natürlich, sie stoßen auf einen völligen Dilettanten, der am Schluss mehr bezahlt, als sie verlangt haben, was auch gelegentlich vorkommt.

In der Regel gibt es keine Preisschilder auf den Flohmarktartikeln. Das erlaubt dem Verkäufer, Sie zu taxieren, ehe er einen Preis nennt. Wie wohlhabend sehen Sie aus? Wie unerfahren sind Sie? Wie stark sind Sie interessiert?

Einmal bin ich mit einer Freundin losgezogen, die nie zuvor auf dem Flohmarkt gewesen war. Sie entdeckte zwei Buchstützen, die sie hellauf begeisterten. »Ich kaufe sie auf jeden Fall«, sagte sie. »Aber man hat mir gesagt, ich müsste unbedingt feilschen.«

»Nein«, sagte die Verkäuferin. »Das brauchen Sie nicht. Sie kosten 25 Dollar. Nehmen Sie sie, oder lassen Sie's bleiben.«

Meine Freundin bezahlte, aber wenn sie etwas diplomatischer vorgegangen wäre, hätte sie bestimmt nicht mehr als 15 Dollar ausgeben müssen.

Wenn ich das, was verlangt wird, wirklich nicht bezahlen kann oder will, frage ich allerdings schon gelegentlich: »Ist das Ihr letztes Wort?« Wenn ein hübsches Brillenetui (ca. 1960) acht Dollar kosten soll, würde ich es zum Beispiel hochhalten und fragen: »Genügen Ihnen auch fünf Dollar?« Dann sagt der Verkäufer entweder »ja« oder: »Nein, acht Dollar und keinen Cent weniger.« Aber noch wahrscheinlicher ist es, dass er sagt: »Wie wär's denn mit sieben?« Und am Ende landen wir vielleicht bei sechs. Wenn Sie mehrere Dinge bei einem Verkäufer erwerben, sollten Sie auf jeden Fall einen Nachlass erhalten.

Ehe ich mich erkundige, was denn das reizende Armband mit dem Wappen von London, der hübsche silberne Becher oder der kleine Blechglobus kosten soll, der zugleich als Sparbüchse dient, überlege ich mir in der Regel genau, was ich zu bezahlen bereit bin. Das verhindert zum einen, dass ich Dummheiten mache und womöglich das Geld für die Miete in einen hübschen Ring investiere, und zum anderen ist es ein klarer Hinweis darauf, was die Dinge mir wert sind. Das verschafft mir zumindest einen festen Anhaltspunkt, ehe ich mit dem Feilschen überhaupt anfange. Aber, wie ich schon sagte: Ich bin wirklich ein Leichtgewicht, was das Herunterhandeln der Preise betrifft.

Woher ich das weiß? Nun, ich kenne ein paar Leute, deren Fähigkeiten auf diesem Gebiet wirklich eindrucksvoll sind. Einen solchen Meister auf diesem Gebiet zu beobachten, ist ein echtes Vergnügen. Mein

Freund Rob zum Beispiel sagt jedes Mal, wenn wir zusammen auf den Flohmarkt gehen: »Denk dran! Du darfst nie irgendwelche Begeisterung zeigen. Du musst immer so tun, als müssten dir die Leute dafür, dass du das Gerümpel mitnimmst, noch etwas bezahlen!«

Wenn er auf den Flohmarkt geht, setzt Rob ein richtiges Pokergesicht auf. Sein Mienenspiel verrät gar nichts, und er kann hervorragend bluffen. Er findet unweigerlich jeden Mangel am Gegenstand seiner Begierde, jeden Kratzer, jede Beule, jeden Riss, jedes abgeplatzte Stück Farbe und zögert nicht, es dem Verkäufer zu sagen. »Da ist ein großer Kratzer an dieser Karaffe. Haben Sie das gewusst?«, sagt er. »So ein Kratzer macht sie für Sammlerzwecke fast wertlos.«

Er schreckt auch nicht davor zurück, den Verkäufer frech zu belügen und zu behaupten, er hätte dasselbe (oder ein vergleichbares Stück) an einem anderen Tisch für die Hälfte gesehen. Er äußert den Verdacht, die Karaffe sei gar nicht alt, sondern eine Reproduktion, dann stellt er sie wieder hin und geht seiner Wege, so als interessiere ihn das Stück überhaupt nicht.

Wenn er dann eine Stunde später wieder vorbeikommt, hebt er die Karaffe erneut auf und sagt: »Na, die hat wohl keiner gekauft, was? Wundert mich überhaupt nicht, wenn ich sehe, was Sie dafür verlangen.« Manchmal verlangt er sogar von mir, dass ich ihm dabei helfe, den Wert des gewünschten Gegenstands weiter herunterzureden. Dem Verkäufer ist das egal. Das gehört alles zum Spiel, und am Ende gewinnen beide dabei, der Käufer und der Verkäufer.

»Ich gebe Ihnen zehn Dollar dafür«, sagt der Käufer.

»Nur, damit Sie's nicht wieder einpacken und mit nach Hause nehmen müssen.«

Und für zwölf Dollar wird die Karaffe schließlich verkauft.

Einmal habe ich eine Freundin dabei beobachtet, wie sie einen ganzen Tag lang um eine kaputte Lampe gefeilscht hat. Zwei Dollar wollte der Verkäufer dafür haben, er war nicht bereit herunterzugehen. Doch meine Freundin war genauso stur. Mehr als einen Dollar wollte sie einfach nicht ausgeben.

Am Ende hat sie die Lampe für einen Dollar gekriegt, aber damit war sie noch längst nicht zufrieden. Als sie den Schein über den Tisch reichte, sagte sie: »Kann ich bitte eine Tüte haben?«

Plastiktüten, das muss an dieser Stelle erwähnt werden, sind immer ziemlich knapp auf dem Flohmarkt, und man tut gut daran, selbst eine Tasche mitzubringen. Die Verkäufer haben meist keine oder heben sie für die Kunden auf, die wirklich Geld bei ihnen lassen. Deshalb war der Verkäufer auch ziemlich empört, als meine Freundin eine Plastiktüte verlangte. »Für einen Dollar wollen Sie noch eine Tasche?«, fragte er mit hochgezogenen Brauen.

»Allerdings! Für einen Dollar habe ich Anspruch auf eine Tüte!«

So geht es zu auf dem Flohmarkt. Der reinste Drei-Manegen-Zirkus! Ringsum ununterbrochenes *Live-Entertainment*!

Fröhliche Jagd

(aber zuvor noch ein paar Tipps)

- »Gehen« Sie noch mal, ehe Sie hingehen! Toiletten gibt es nicht auf allen Flohmärkten, und wenn doch, dann rangieren sie irgendwo zwischen »unangenehm« und »entsetzlich«.

- Irgendwo auf dem Flohmarkt gibt es meist einen Imbiss und manchmal sogar ein Lokal, aber das Essen ist oft recht mäßig. Und wer will sich schon stundenlang für ein Paar Frankfurter anstellen? Da ist es schon besser, wenn man sich – für den Fall, dass der kleine Hunger kommt – selbst etwas mitbringt.

- Im Sommer sollte man auf jeden Fall einen Sonnenhut oder Sonnenschirm mitbringen; denn auf dem Flohmarkt gibt es meist keinen Schatten und einen Hitzschlag sollten Sie auch aus Leidenschaft nicht riskieren.

- Nehmen Sie genug Münzen und kleine Scheine mit. Die Verkäufer haben oft nicht genug Wechselgeld in der Kasse.

- Bringen Sie eine Tasche mit.

– Stecken Sie nicht mehr Geld ein, als Sie ausgeben wollen. Man lässt sich von »Gelegenheiten« leicht hinreißen, und es würde Sie womöglich reuen, wenn Sie am Ende Ihr ganzes Gehalt für einen ausgestopften Elch ausgegeben haben.

– Wenn Sie etwas Bestimmtes suchen, seien Sie nicht enttäuscht, wenn Sie nicht gleich darauf stoßen. Auf dem Flohmarkt etwas zu finden, ist immer Glückssache. Im Lauf der Zeit werden Sie das Gesuchte schon auftreiben, und Sie werden sehen: Es lohnt sich zu warten. (Das heißt aber nicht, dass man nicht schon beim ersten Mal Glück haben kann. Eine Freundin von mir ging auf den Flohmarkt, weil sie Küchenschränke aus Eiche suchte und man ihr gesagt hatte, dort könne man günstig Möbel einkaufen. Ich sagte ihr, sie solle sich keine großen Hoffnungen machen, das könne Monate dauern, ich hätte schon seit Jahren nach alten Aktenschränken aus Eiche gesucht und nie was gefunden. Aber siehe da! Sie kam mit sechs prachtvollen Ober- und Unterschränken nach Hause.)

– Wenn Sie nicht gleich sehen, was Sie suchen, fragen Sie die Verkäufer, die etwas Ähnliches haben. Oft bringen sie nicht alles mit, was sie haben. Vielleicht hat irgendjemand ja das, was Sie suchen und bringt es Ihnen das nächste Mal mit.

– Stellen Sie überhaupt viele Fragen! Die Verkäufer kennen sich oft sehr gut aus und vermitteln ihr Fachwissen gern. Und manchmal erzählen Sie Ihnen auch einfach eine gute Geschichte.

– Halten Sie Augen und Ohren weit offen! Bleiben Sie unvoreingenommen! Vielleicht ist ein ausgestopfter Elch ja genau das Richtige für Ihr Schlafzimmer.

– Bei Flohmarktbesuchen in Ländern, deren Sprache Sie nicht sprechen, empfiehlt es sich, einen Bleistift und einen Notizzettel mitzunehmen, damit Sie sich die Preise aufschreiben lassen und Gegenangebote machen können.

– Informieren Sie sich, wann und wo Flohmärkte statt-finden, ehe Sie auf Reisen gehen. In vielen Reise-führern finden sich entsprechende Hinweise. Ansons-ten können Sie immer noch in den örtlichen Zeitun-gen nachsehen oder an der Rezeption des Hotels fragen.

– Halten Sie Ausschau nach Flohmarkt-Plakaten.

– Wenn Sie das Pech haben sollten, mit einem Partner geschlagen zu sein, der Flohmärkte nicht mag, brau-chen Sie nicht zu verzweifeln. Es gibt Mittel und Wege, um solche Philister zumindest zu neutralisie-ren. Erstens findet sich wahrscheinlich auf jedem Flohmarkt auch etwas für Ihren Partner. Ich hatte meinen Schatz (meist unter heftigem Protest) schon mehrfach auf den Flohmarkt geschleift, als ich end-lich feststellte, dass er sich für Waffen, Militaria,

Uniformen und Ähnliches interessiert. Fast auf jedem Flohmarkt gibt es dergleichen, und wenn wir so einen Händler gefunden haben, kann ich meinen Liebsten dort erst einmal parken, denn dann ist er mindestens eine halbe Stunde beschäftigt. Auf dem Pariser Flohmarkt fand er sogar ganz alleine einen Erotika-Händler, und das war der Tag, an dem *ich* ihm sagen musste, dass wir nicht den ganzen Urlaub auf dem Flohmarkt zubringen könnten.

Aber falls Ihre andere Hälfte sich nicht uneingeschränkt für Kavalleriesäbel und geschnitzte Phalli aus Walrosszähnen begeistert, dann empfehlen Sie ihm (oder ihr) doch einfach, ein Buch mitzunehmen. Suchen Sie eine nette Kneipe in der Nähe des Flohmarkts und sagen Sie: »Setz dich gemütlich hin. Trink ein Bier oder zwei. Früher oder später hol ich dich wieder ab.« Das ist auf jeden Fall besser, als wenn einem ständig jemand an den Fersen klebt, der ein böses Gesicht macht und dauernd fragt: »Können wir jetzt wieder gehen?« oder (noch schlimmer): »Diesen Quatsch willst du kaufen?«

– Kinder sollte man nicht auf den Flohmarkt mitnehmen. Sie haben keinen Spaß daran, zwischen lauter Erwachsenen herumzulaufen, die sich für irgendwelchen alten Kram interessieren.

– Wenn Ihre Kinder aber alt genug sind, um Kurzgeschichten zu schreiben, dann sind sie auch reif für den Flohmarkt.

Binnie Kirshenbaum im <u>dtv</u>

»Wer etwas vom Seiltanz über einem Vulkan lesen will,
also von den Erfahrungen einer kühnen Frau mit dem
männlichen Chaos, dem sei Binnie Kirshenbaum
nachdrücklich empfohlen.«
Werner Fuld in der ›Woche‹

**Ich liebe dich nicht und
andere wahre Abenteuer**
ISBN 3-423-11888-1
Zehn ziemlich komische
Geschichten über zehn
unmögliche Frauen.

**Kurzer Abriß meiner
Karriere als Ehebrecherin**
Roman
ISBN 3-423-12705-8
Eine junge New Yorkerin,
verheiratet, linkshändig, hat
drei außereheliche Affären
nebeneinander. »Am Ende
fragt sich der Leser amü-
siert: Gibt es eine elegantere
Sportart als den Seiten-
sprung?« (Franziska
Wolffheim in ›Brigitte‹)

Mermaid Avenue
Roman
ISBN 3-423-12787-2
Ich, meine Freundin und all
diese Männer … Mona und
Edie haben sich im College
kennengelernt und sofort
Seelenverwandtschaft fest-
gestellt. Sie sind entschlos-
sen, ein denkwürdiges
Leben zu führen. Und
dabei lassen sie nichts aus .

**Als hielte ich den
Atem an**
Roman
ISBN 3-423-12979-4
Lila ist Lyrikerin. Über Sex
weiß sie alles, nur die Liebe
war ihr bislang noch fremd.

Keinen Penny für nichts
dtv premium
ISBN 3-423-24128-4
Verrückte Geschichten von
verletzlichen Frauen, leicht-
sinnig und mit abgrund-
schwarzem Humor.

**Entscheidungen in einem
Fall von Liebe**
Roman · dtv premium
ISBN 3-423-24347-3
Eine jüdische New Yorkerin
kommt nach München.
Ist Liebe die Antwort auf
heikle Fragen nach der
Vergangenheit?

Kleine Philosophie der
Passionen
Flohmärkte
ISBN 3-423-20610-1